U0060495

新世紀叢書

當代重要思潮・人文心靈・宗教・社會文化關懷

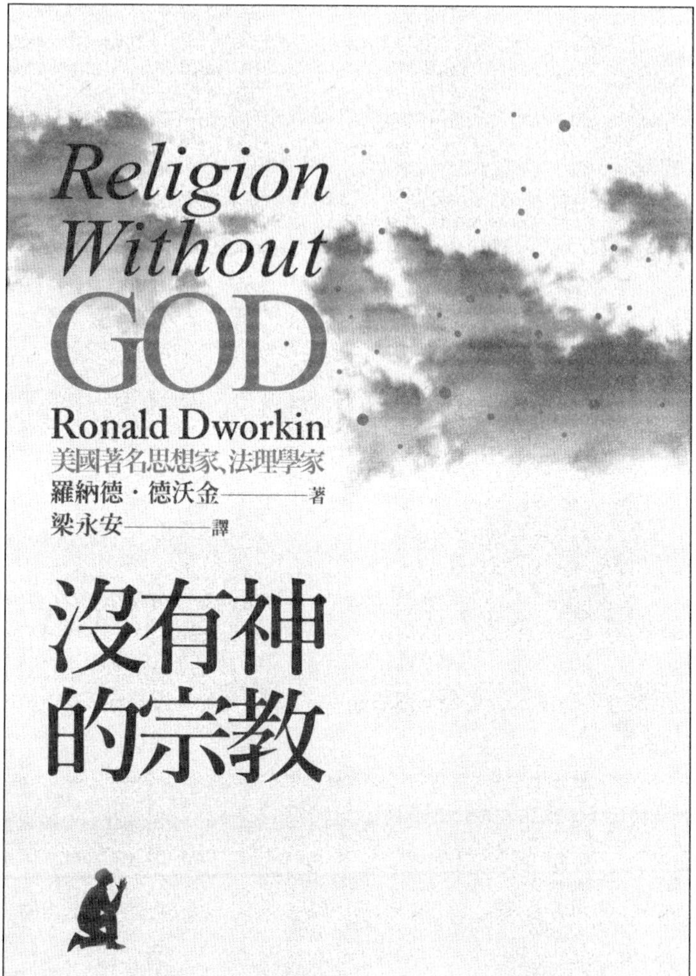

出版者識

本書是以德沃金教授二〇一一年十二月在伯恩（Bern）大學「愛因斯坦講座」發表的講演為底本。他原計畫在接下來幾年大大擴充講演內容，但卻於二〇一二年夏天罹病，只來得及完成原文本的部分修訂便於二〇一三年二月身故。出版者在此要感謝紐約大學法學院博士生希拉蕊・奈（Hillary Nye）小姐，她的整理工作對本書的出版貢獻匪淺。德沃金教授的研究是受到紐約大學法學院「達戈斯蒂洛與格林伯格基本會」（Filomen D'Agostino and Max E. Greenberg Foundation）之資助。

沒有神的宗教

【目錄】本書總頁數192頁

1
宗教性無神論？
« Religious Atheism? »

緒言

本書旨在闡明宗教的層次比上帝更深。宗教是一種深入內部、輪廓分明和涵蓋全面的世界觀：它主張有本具（inherent）而客觀的價值滲透萬物，相信宇宙及其造物引人敬畏，認定人生具有目的而宇宙秩序井然。相信神存在只是這種層次更深的世界觀一種可能的展現或後果。神對人來說當然用處多多：可以保障死後生命（afterlife）、解釋風暴的起因，以及與我們站在同一陣線對付敵人。但神的一個核心大用是可以賦予世界以價值和目的。然而，誠如我將會論證的，相信神可以為價值背書預設著相信價值是一獨立真實（independent reality），而後一信念同樣可能為非有神論者秉持。有神論者和某些無神論者所共享的這種信念比分開他們的東西還要根本，並且也許可以充當改善雙方溝通的基礎。

我們熟悉的二分法——把人分為有宗教信仰和沒宗教信仰兩大類——太粗糙了。數以百萬計自視為無神論者的人擁有著跟信徒類似的信念和體驗，而且信得一樣的深。他們聲稱，他們不相信「人格神」的存在，卻相信宇宙間有某種莫大「力量」。他們認定活得恰當和尊重別人人生是無可推卸的責任，會為履行了這些責任而自豪或為浪費了人生而無比懊悔。他們覺得大峽谷不只景色壯觀，還神奇得讓人屏息。他們不只對太空天文學的最新發現深感興味，還為之迷醉。對他們而言，這些反應並不只是直接的感性反應因而是無可解釋的。他們深信他們體驗到的力量和神奇十足真實客觀（真實得不下行星或疼痛），而道德真理和自然奇觀不只引人敬畏，還要求人敬畏。

歷來對這種態度有過許多著名和詩性的表述。例如，愛因斯坦說過，他雖然是無神論者，卻有著深深的宗教信仰。

知道某種我們所不能參透的東西確實存在，知道這種東西把自己展現為最高智慧和最璀燦的美（我們遲鈍的官能只能了解其皮相）——這種知識，這種感覺，位居於一切真正宗教情懷（religiousness）的核心。在這個意義下，也唯有在這個意義下，我屬於有虔誠宗教信仰者之列。①

類似地，詩人雪萊（Percy Bysshe Shelley）既自稱無神論者而又表示他感覺到「有某種看不見的威嚴力量，無形無狀地飄浮於我們中間。」②許多哲學家、歷史學家和宗教社會學家都主張，對宗教體驗的分析足以顯示有「宗教性無神論」之存在。威廉・詹姆斯（William James）謂，宗教的兩大要素之一是「對根本性的意識」（sense of fundamentality），也就是說意識到「宇宙中有什麼東西具有最終發言權。」③有神論者認為這個有最終發言權者是一位神，但無神論者卻也許會認為「活得恰當」才是最根本的要求——說是「最根本」，是因為它並不奠基或需要奠基於任何更根本的物事。

法官經常為了判案需要而得決定何謂「宗教」。例如，因為徵兵法令容許出於宗教信仰而「從良心上」反對戰爭者豁免兵役義務，最高法院判定一位基於道德信念而拒絕服役的無神論者夠資格獲得豁免。④❶在另一個案例，當最高法院被要求解釋哪些人受「履行宗教之自由」的

❶譯註：這位無神論者名叫西格，他的個案第三章會再論及。

憲法條文保障時，把許多不承認有神存在的信仰（包括它所謂的「世俗人文主義」）一樣列為宗教。⑤另外，一般人也常在無關神祇的脈絡使用「宗教」一詞：「美國人把美國憲法當成宗教」或「棒球對一些人形同宗教」皆是例子。這類用法當然只是比喻性質，但它們顯然不是把「宗教」了解為信仰上帝，而是了解為對某種物事的深度認同。

所以不管「宗教性無神論」一語聽起來有多突兀，它都不是自相矛盾之詞，因為「宗教」並不是如其字面所示只包含有神論。但有些人也許仍然會認為「宗教性無神論」一語容易引起混淆：為求清晰，我們不是應該把「宗教」一詞保留給有神論，改為把愛因斯坦和雪萊等人稱作「善感」（sensitive）或「靈性」（spiritual）的無神論者嗎？但再仔細想想，擴大宗教的「版圖」不但不會引起混淆，反而有助釐清，因為此舉可讓人看清楚有哪些重要共通處是貫穿整幅版圖。道金斯（Richard

Dawkins）認為，愛因斯坦的措詞「誤導得要命」⑥，並相信出於清晰的要求，我們應該嚴格區分開兩種信仰：一是相信宇宙是由基本物理法則管轄（道金斯認為這是愛因斯坦的意思），二是相信宇宙是由某種「超自然」物事所管轄（道金斯認為這是「宗教」一詞之所指）。

然而，愛因斯坦並不只認為宇宙是環繞一批基本物理法則組織起來。事實上，他那番話在一個重要意義下正是要為「超自然」背書。他說的那種我們「只能了解其皮相」的美與輝煌並不是大自然的一部分——它們超乎自然，甚至即便我們最終可以弄懂最基本的物理法則之後一樣無法完全掌握。愛因斯坦深信，有某種先驗（transcendental）而客觀的價值滲透全宇宙——這些價值既非自然現象亦非人對自然現象的主觀反應。他會強調自己具有宗教情懷，理由正在於此。他認為沒有其他措詞可以更精確道出他的信仰特質。

所以，我們應該讓愛因斯坦維持他的自我形容，讓學者維持他們的寬廣範疇，讓法官維持他們的詮釋。我們應該說，宗教並不必然意味相信上帝存在。但如果容許把不相信神存在的人形容為具有宗教性，那宗教性又該如何了解？宗教性態度跟世俗態度或非宗教性態度的分別何在？這是個難以回答的問題，因為「宗教」是個「詮釋是賴概念」（interpretive concept）⑦，也就是說，人們對其精確內涵並無共識，而是各按照自己認為它應該是的意思運用它。所以，當愛因斯坦使用「宗教」一詞時，心裡想著的意思也許不同於威廉・詹姆斯在把某些體驗歸類為宗教體驗時之所想，也不同於大法官說某些無神論者的信念夠資格稱為宗教時之所想。所以我們也應本著這種精神思考我們的問題。要怎樣理解宗教才能讓它最有揭示性？

在回應這個挑戰以前，且讓我們暫時駐足，檢視一下這議題的背景。就像癌症，宗教戰爭業已成了人類物種的一個詛咒。世界到處都有人因為恨彼此的神而互相殘殺。在暴力程度較低的地方，例如美國，宗教戰爭的主戰場是政治領域：從全國性選舉的層次到地方性教育委員會的層次都在開打。另外，最激烈的戰爭也不是發生在有神論宗教的不同派別之間，而是發生在狂熱信徒和無神論者之間：在前者眼中，後者是道德淪喪的野蠻人，正威脅著社會的健康和國家的整全。

目前，美國的政治大權是掌握在狂熱信徒一邊，所謂的「宗教右派」（religious right）❷仍是候選人孜孜矻矻拉攏的投票集團。不讓人意外地，宗教這種政治勢力激起了反彈（哪怕只是力量有限的反彈）。激進的無神主義目前雖仍未能在政治領域有所作為，卻成了可賺大錢的商

❷譯註：由主要是基督新教保守派別所構成的勢力。

品：任何自稱無神論者的人都難望當選任何重要公職，但道金斯的《上帝錯覺》（*The God Delusion*, 2006）卻熱賣了幾百萬冊，而數以十計把宗教斥為迷信的著作也擠滿美國的書店。嘲笑上帝的書籍在幾十年前極為罕見：因為宗教意味著聖經，而聖經對上帝創造萬物的說明是那麼漏洞百出，以致沒有人覺得有必要多此一舉去一一指出。但情況已經丕變。如今，有大量學者投入大量時間精力去反駁一度被認為蠢得不值一駁的聖經。

但假如我們能夠把上帝從宗教分離開來，即假如我們能明白何謂真正的宗教觀點，以及明白這種觀點不必預設一個超自然的人格神，那麼我們容或能夠透過把科學問題和價值問題區分開而降低目前宗教戰爭的熱度。新的宗教戰爭確實已演變成文化戰爭。它們不再只是跟科學性歷史有關，即（例如）不再只是爭論哪種解釋才能最好解釋人類物種的生成演變，而是還涉及人生意義和何謂活得恰當這些更根本問題的爭論❸。正如我們將會看到的，把正統有神論宗教的科學部分（scientific part）與價值部分（value part）區分開乃是一種邏輯要求。當我們能恰當地把兩者分開，就會發現它們完全相互獨立：價值部分並不依賴（也無法依賴）任何神的存在或神的歷史。假如我們接受這個區分，現今宗教戰爭的規模和重要性便可大大縮小。它們將不會再是文化戰爭。我的這種野心當然帶有空想意味，因為暴力或非暴力性宗教戰爭所反映的仇恨深得超過哲學所能對治。但從事一點點哲學反思仍不無小補。

❸譯註：如後文所見，作者認為同性戀婚姻或墮胎權利的爭論亦是今日「宗教戰爭」的一環。

何謂宗教？形而上核心

然則，怎麼樣的態度才堪稱宗教性態度？我將會設法提供一個抽象程度合理的大體性解釋。宗教性態度接受價值是一種完全獨立的真實。它也接受兩個有關價值的核心命題為客觀真理。第一個命題斷言，人生具有客觀的意義或客觀的重要性。活出成功人生是人人與生俱來和不可推卸的責任，而這意味著每個人都有責任活得恰當，願意承擔對自己的倫理責任及對他人的道德責任（這些責任之所以重要不是因為我們覺得重要，而是它們「本身」就重要）。第二個命題主張，「大自然」（即宇宙整體及其各部分）不只是一實然性事實，還是一崇高雄渾之物，有著本具的價值與神奇。合在一起，這兩個全面的價值命題肯定了人類生命的兩個向度（生物向度和人生向度）都有著本具的價值。我們因為有一肉身和活在時間中而是大自然的一部分：大自然是我們物理生命的座落處和滋養源。但我們又不只是大自然的一部分，因為我們意識到我們正在塑造自己的人生，必須做出很多抉擇，而這些抉擇加起來會決定我們創造出什麼樣的人生。

對很多人來說，宗教涵蓋的不只是上述兩種價值信念：例如，許多有神論者便認為，敬拜的責任也是宗教的一部分。但我會把這兩種價值信念——人生有本具的意義而大自然有本具之美——視為充分宗教性人生態度的範例。它們不是一些你可以分離於人生其他部分的信念。它們會影響你的整個人格。它們會滲透經驗，讓人感覺自豪、懊悔或震顫。對神祕莫測的感知是這震顫的重要部分。威廉·詹姆斯說過：「如同愛，如同盛怒，如同希望、野心與嫉妒，如同任何其他發自本能的熱望與衝動，宗教為人生加入一種癡迷（enchantment），即一種無法以理性或邏輯方式從任何其他事情演繹出來的物事。」⑧這癡迷來自從看似轉瞬即逝和死寂的東西發現先驗的價值。

然則宗教性無神論者要如何得知他們秉持的價值觀為真？他們是如何查核他們把大量感情投注其中的哪些價值信念？信徒有神的權威可以為他們的信念背書，反觀無神論者的信念卻彷彿是無中生有。為了回答這問題，我們有需要對價值形上學（metaphysics of value）進行一點點探討。⑨

宗教性態度否定自然主義（naturalism），而所謂的自然主義不外是一種非常流行的形上理論的別稱。按這種形上學之見，只有可為自然科學（含心理學）研究的物事方為真實。換言之，凡存在之物若非物質便是心靈，沒有第三種可能，所以從根本上來說不存在美好人生或正義或殘忍或美。為自然主義辯護時，道金斯指出人們老引用哈姆雷特的話來批評自然主義：「霍雷肖，天地間有許多事情是你的哲學造夢也想不到的。」❹他主張，碰到這種質疑，科學家大可如此回答：「說得沒錯，但剩下那些我們正在研究。」⑩

有些自然主義者同時是虛無主義者，認定價值只是幻象。另一些自然主義者承認價值在某個意義下存在，但他們對價值的定義方式形同否定價值有獨立存在性：他們把價值說成完全是衍生自人的思想或反應。例如，他們認為，把某種行為稱為善或正確，只表示如果每個人都依該種方式行為，會讓更多人得到快樂。「美」也類似：一幅畫之所以為

❹譯註：出自莎劇《哈姆雷特》。引語中的「哲學」指「自然哲學」（「科學」的前身）。

美，只表示一般人看到它時會感到愉悅。

但宗教性態度拒絕所有形式的自然主義。它堅持價值基本而真實（真實得一如樹木或疼痛），不是另一些物事的外顯。宗教性態度也拒絕另一種很不同的理論——我們不妨將之稱為「有基實在主義」（grounded realism）。這理論在哲學家之間同樣大為流行，其所主張的是價值為客觀真實，而我們的價值判斷也可能客觀地為真——但這必須假定（一個可能為錯的假定），我們有很好理由認定人有發現客觀價值的能力。

「有基實在主義」分為很多種，其中一種表現為有神論的形式：它把我們具有做出正確價值判斷的能力歸因於某位神（我等一下便會論證這種「奠基」方式不能成立）。但所有形式的「有基實在主義」一致認為，若真有明智價值判斷這回事的話，則必然有某些獨立理由讓我們可以認定人有作出明智道德判斷的能力——說是「獨立」理由是因為該理由並不依賴於該種能力。問題是，這種主張會讓價值淪為生物學或形上學的人質。例如，假定我們找到無可反駁的證據足以證明我們秉持的道德信念只是一些演化適應的利器，那它們就不再有必然為真的保障。這時，我們便完全沒有理由認為殘忍「真的」要不得。但如果我們還是認為殘忍要不得，就必然要認為我們有其他方法可以「接觸到」道德真理。

宗教性態度則堅持要把價值領域和事實領域分家。它認定，除非有很好的道德論證可支持殘忍不是要不得，否則沒有事情足以動搖我們對殘忍要不得的信念。若問我們是憑什麼理由認定我們具有做出明智價值判斷的能力，那「無基實在主義」（ungrounded realism）❺會這樣回答：

❺譯註：「無基實在主義」是相對於「有基實在主義」而言，這裡即是指「宗教性態度」的立場。

唯一可能的理由是我們在進行過負責任的反省後仍然覺得對我們的信念可信。我們認為它們為真，所以我們也認為我們具有發現道德真理的能力。但我們又怎麼知道我們所有的價值信念不過是一些相互支撐的幻象？「無基實在主義」會這樣回答：只有在一種意義下，上述質疑才是可理解的，那就是它暗示我們無法為我們的任何道德判斷提出足夠道德論證；對此，我們可透過為我們的一些道德判斷提供道德論證來加以反駁。

再重申一次，宗教性態度堅持價值具有充分獨立性，堅持價值的領域是自足（self-contained）和自證（self-certifying）。這會不會讓宗教性態度有陷於循環論證之虞？但要知道，在任何知識領域，最終都不存在可證明我們具有認識真理能力的非循環論證。例如，在科學上，我們是依賴實驗和觀察來證成我們的判斷。但實驗和觀察之所以可靠，又是以因果原理和某些光學假設為前提，而它們皆是無法證明。科學的判斷當然還依賴一個更根本的假設：真有一外在世界存在這回事。但這又是一個科學本身無法證明的假設。

數學的領域也是如此。我們發現我們無法不去相信數學的基本真理，也無法不去相信（弄懂了之後）數學家證明過的錯綜複雜真理。但不管數學的基本真理或數學的證明方法都不是可以從數學之外得到證明的。我們感覺我們不需要任何獨立證明：因為我們知道我們天生具有認識邏輯和數學真理的能力。但我們怎麼知道我們有這能力？只不過是因為我們已經在這兩個領域形成了一些我們不管如何努力都無法甩得掉的信念。所以我們必然具有認識邏輯和數學真理的能力。

所以大可以這麼說：我們認定我們具有認識科學和數學真理的能力，最終只是一種信仰。宗教性態度主張我們對價值信念的擁抱最終來說也是一種信仰。但兩者有一顯著差異。我們對何謂好的科學論證和有效數學證明有著普遍共識，但對是非對錯和其他形式價值的推理卻沒有一致標準。事實上，人們對於何謂「善」、「美」、「正義」的看法更常常有著顯著分歧。這是不是表示，我們的科學和數學能力有一外證，但同樣的外證在價值的領域卻付諸闕如？

不是，因為不管在任何知識領域，普遍共識都不足以構成一種外證。科學方法的原則（包括「觀察數據必須可被不同的人印證」這個要求）只能由應用這些方法的科學得到正當性。正如我說過，科學裡的一切都是靠互相印證，不倚賴任何科學以外的東西。邏輯和數學的情況亦復如是。對一個複雜數學論證的有效性的共識完全不足以構成該有效性的證據。想想看如果人類對何謂有效的數學或邏輯論證不再有共識，情況將會如何？那樣的話，數學和邏輯將會奄奄一息，但沒有人因此有好理由懷疑五加七不是等於十二。價值的情況亦復如是。倘若價值真是具有客觀性，那人們對某一特定價值判斷是否有共識將無關乎它的真理性。而且經驗也顯示出（不管是好是壞），一個人類社會即便對道德、倫理或美學真理的看法人言言殊，照樣可以存活。在宗教性態度看來，以缺乏共識為由否定價值的客觀性只是一種障眼法。

我說過，宗教性態度最終是奠基於信念，而我說這個主要是為了指出科學與數學最終同樣是奠基於信念。在這些不同領域，我們都不是因為有某些可做為最終仲裁者的獨立驗證方法存在而被迫有責任相信。這類信仰也不只是對概念性真理的消極接受。它們還是一種積極肯定：一方面是肯定這些領域的真理具有客觀真實性，另一方面是肯定我們有企及這些真理的能力。我們深信，即便我們每個既有判斷都是錯的，但只要夠負責任地反省，我們都一定有能力矯正錯誤，得出正確判斷。

但價值領域有一獨特之處：價值信念總是牽涉著情緒。一個信念系統即便能通過種種測試，顯示出其為具有一貫性和可以從內部獲得支撐，它仍然必須是當事人感覺對勁方能存活。它必然會影響當事人的整個人格。神學家常說，宗教信仰是獨一無二的信念體驗。在其大有影響力的著作中，奧托（Rudolf Otto）把這體驗稱作「敬悚交加」（numinous）⑪，又說它是一種「信之知」（faith-knowledge）。我打算主張，價值信念同樣是複雜和獨一無二的情緒體驗。我們在第二章將會看見，當科學家面對浩瀚得無法想像的太空和複雜得不可思議的原子粒子時，表現的情緒反應跟奧托所描述的十足相似。事實上，他們很多人甚至就是用「敬悚交加」來形容自己的感覺。他們覺得宇宙引人敬畏，足以讓人產生一種至少類似戰慄的情緒反應。

但我當然不是要主張，一種道德信念經得起反省的事實本身便足以構成捍衛該信念的論證。相信一種信念為真是一個心理事實，但只有一個價值判斷可以做為道德信念的論證。另外，我當然也不是要主張，價值判斷終歸只是主觀的。我們會身不由己相信殘忍要不得，正是因為我們深信殘忍「真的」要不得，換言之，我們不可能在有這信念的同時又不認為它在客觀上為真。承認不由自主的信念在我們體驗價值時所扮演的角色，就是肯定我們有這一類信念，就是肯定它們經得起負責任的反省，就是肯定在沒有進一步的證據或論證出現之前我們毫無理由可以懷疑這些信念的真理性。

我這番論說無法說服得了所有人。總有些人會認為，如果我們只能靠某些價值判斷去捍衛另一些，然後又宣稱我們相信的整組價值判斷為客觀真理，那我們只是打腫臉充胖子。但這種質疑不管有多常見，都不足以構成反駁宗教性世界觀的論證。它只不過是對該種世界觀的簡化否認，而其能產生的充其量只是僵局。它只表示你不持有宗教性世界觀。

宗教性科學與宗教性價值

我方才已說明過，為什麼我們應該把我一直在談的那種態度視為「宗教性」態度，為什麼「宗教性無神論」一語是可能說得通。但我們會希望更好了解何以有那麼多持無神論的人會體驗到宇宙間有神祕性而人生具有目的性。我們也會希望對宗教提出一種新的理解，以解釋何以有那麼多人相信人應該擁有一種特殊性（special right）權利：宗教自由的權利（這是第三章的宗旨）。就目前，我想探索另一個可把我描述那種態度稱為「宗教性」的理由（一個更複雜的理由）。有神論者都假定他們的「價值實在主義」（value realism）是一種「有基實在主義」。他們相信，是神提供和保證了他們所認知到的價值（人生而具有種種責任和大自然有著本具的無窮奧妙）。但是說到底，他們的實在主義必然只能是無基的（ungrounded）。因為只有把價值徹底獨立於歷史（包括神的歷史），他們的信仰方才辯護得了。

居於我論證核心的是以下的假設。我們最熟悉的傳統有神論宗教（猶太教、基督教和伊斯蘭教）都是由兩部分組成，一是科學部分，一是價值部分。科學部分用於回答一些重大的實然問題：宇宙的誕生與歷史，人類的起源，是否有死後生命等。三大一神論的科學部分宣稱宇宙是一個全知全能上帝創造，而這個上帝還會獎善懲惡、保證死後生命與回應禱告。我當然不是說宗教的這個科學部分足以構成對上帝存在及其做為的科學論證。我只是說，很多宗教的科學部分都是一些關於事實和因果關係的主張。有些信徒會用他們覺得夠科學的論證來維護這些主張，其他信徒則是光靠信心相信或是引用經文為證。我稱之為「科學部分」，是就它們的內容性質而言，無關乎它們是否站得住腳。

傳統宗教的「價值部分」提供了林林總總我們應該如何行事為人和看重些什麼的信念。這些信念有些與神相涉（即若不假定神的存在，它們便會變得了無意義）：敬拜的責任、禱告的責任和順服神的責任皆屬此類。但其他宗教性價值卻與神不相涉，或至少是可在形式上獨立於任何神祇：我前面提過的兩大範疇宗教性價值便是箇中例子。宗教性無神論者因為不相信神存在，所以既否定傳統宗教的科學部分，又否定其與神相涉的價值部分（如參加崇拜儀式的責任）。但他們仍然相信人該怎樣生活是有客觀標準，相信人人對自己的人生負有與生俱來和不可剝奪的責任。他們也相信大自然不光是無數粒子在經歷漫長時光後胡亂糅合形成，而是有著本具的神奇和美。

傳統宗教的科學部分之所以無法為它的價值部分提供根基，最簡單來說是因為兩者在概念上是相互獨立。人類生命不可能只靠一個慈愛神的存在而獲得任何意義和價值，宇宙也不可能光是因為它被創造為美而自具美。任何有關人生意義或宇宙神奇的價值判斷最終都不能依賴於事實性真理（不管這些真理有多高貴或神祕莫測），而只能奠基於更基本的價值判斷。任何有關上帝創造天地、分開大海或是使死人復活的事實都不足以保障友誼的價值、仁慈的重要、日落的雄渾、人應該敬畏宇宙的態度，甚至不保障人有崇敬創造神的責任。

我說這個不是為了否定三大一神教的科學部分，也不是為了否定有一個創造天地萬物和愛世人的人格神存在。我只是要主張，有一位神存在的事實無關乎任何宗教性價值的真理性。如果神存在，祂大概可以把人送上天堂或打入地獄，卻無法憑意志為道德問題創造正確答案或給一個本來不輝煌的宇宙灌注輝煌。神的存在或性格只有在能讓某些獨立的背景性價值判斷（background value judgement）派上用場之時方足以為某些價值辯護，換言之，只能扮演小前提的角色。相信神存在當然有可能大大改變一個人的生活方式，至於會如何改變則端視他信的神是何種性格和他的信仰有多深而定。舉一個淺顯的例子：一個人若是相信惹神生氣的人會下地獄，那他的生活方式極可能跟無此信仰的人大異其趣。但惹神生氣算不算「不對」卻不是該神說了算。

我這種主張所仰仗的重要概念原理大可以稱為「休謨原理」，因為它乃是十八世紀蘇格蘭哲學家休謨（David Hume）所楬櫫。⑫根據這原理，我們不能光靠確立一些有關世界的科學性事實（scientific fact）而證成一個價值判斷（不管其為倫理或道德或美學主張）。想做到這一點，總少不了一些別的什麼：一個可以讓科學性事實變成相干的「背景性價值判斷」。例如，每逢我們看見別人身處痛苦或備受危險威脅，都會自感有道德責任幫助他們。因此，乍看之下，光是別人身處痛苦或危險的事實本身便足以引發我們的道德責任。事實卻不是如此。只有在相信以下的「背景性道德原則」為真的情況下，別人的痛苦或危險才足以引發道德責任：消除或防止別人痛苦是一種道德責任。很多時候（上述例子即為其一），涉及的背景性原則因為太過明顯，以致我們不會說出來甚至不會想起來。但它卻必須存在，而且是必須真的可以把某件「事實」關連於那個它被認為可以支撐的更具體價值判斷（不管是道德或倫理或美學判斷）。

我承認人格神的存在是非常奇特的科學性事實。但它仍是一科學性事實，既如此，它若想要能為任何道德判斷背書，就必須仰賴一「背景性道德原則」。這一點之所以重要，是因為任何「背景性道德原則」的正當性（這是假定它有正當性可言的話）都只有放在一個更大的價值網絡中方能得到防衛。在這個網絡中，道德判斷是彼此衍生和互相支撐。

所以，神的存在要能構成某種價值信念的必要或充分條件，必須有一獨立的背景性原則可以說明何以其為如此。有些這一類原則是我們早已深信不疑。例如，我們也許會認為，上帝兒子在十字架上的犧牲足以讓我們有責任心存感激，從而去尊榮他用死去捍衛的那些道德原則。又或者，我們會覺得既然是上帝創造我們，我們便應該像孝敬父母一樣孝敬上帝（不同之處只在於我們對上帝的孝敬必須是毫無保留的）。宗教信徒一定毫無困難可以構想出其他類似的原則。但不管他們仰仗的是什麼原則，這些原則都必須是具有獨立力量的道德斷言或其他價值部門的斷言。有神論者必然是對之早有信仰，也正是這一類原則而不是它們號稱相關的事實（不管是神聖事實或其他事實）讓他們身不由己相信某些價值信念。把有神論宗教和無神論宗教區分開的東西（即有神論宗教的科學部分）遠不如兩者共享的那些價值信念重要。

神祕莫測和可理解性

思慮精深的神學家無疑會覺得我的論證無知而膚淺。在他們看來，「事實推論不出價值」的假設只適用於世間領域，而我卻把它誤用於它不適用的非世間領域。對此，我必須強調我的假設並不是那麼寬泛。我並未假定所有信徒都相信聖經有關創造天地的記載是十足的事實。我也接受有些神學家所說的，創世論要能說得通，那它必然迥異於我們熟悉的那一套。我知道許多神學家相信，創世一事神祕莫測，甚至是超出人智所可理解的範圍。

但不管神學家是如何構想「創世」的觀念，它看來都有一個最起碼的要求：必須包含一個「有智慧的行動者」（intelligent agency）。因為要不是這樣，我們實難看出有神論的科學部分還能剩下些什麼。所以，凡是覺得我的論證無知的人都必須回答一個問題：我們要如何構想「有智慧的行動者」這觀念，方能使其能創造出價值？我描述過的那種宗教性態度主張，事件本身無法自動使價值判斷為真：「事件」想要能為某種價值判斷背書，必須仰仗某些背景性假設。光是把「創世」說成非人之才智所能理解並不足以超克「休謨原理」。光是把神的存有和神的善說成以某種方式融合在一起亦同樣不足以超克「休謨原理」：因為這樣主張只是把「休謨原理」擱置下來而沒有提出任何正當的理由。所以，我們絕不可任「神祕莫測」和「不可理解」兩者混同不分。然則，我們要怎樣構想「創世」的觀念（不管它被描寫得多麼神祕莫測）方能讓創世的「事實」本身創造出價值？

非人格化的上帝：田立克、史賓諾莎和泛神論

我迄今都是假定上帝的觀念清楚分明，足以讓有神論與宗教性無神論的分野一目瞭然。但事實並非如此，因為上帝的觀念一點都不清楚分明，也因此，有神論和無神論的界線也並不清楚分明。人類發現或發明過許許多多不同的神。過去和現在都存在一大堆所謂的異教神祇，其中最為人熟知的是希臘的奧林帕斯山諸神。他們都是一些擁有不死之身和超人能力的神祇，劣根性也是超人一等：虛榮心重，嫉妒心強，有仇必報，手段毒辣。隨著三大一神教的興起，這類神被唯一神所取代：「西斯汀上帝」（Sistine God）❻。這個上帝以蓄鬍老者的形象在西斯汀教堂

的天棚創造生命，又以道成肉身的形象在教堂的後牆壁面把人送上天堂或打入地獄。正是這個「西斯汀上帝」主宰著今天有神論宗教對神的理解：祂全知又全能，極度關注祂一手創造的人類的動向。然後，在十七世紀，又出現了一個性格相當不同的上帝（但祂從來沒有太多追隨者）。與「西斯汀上帝」不同，這位新的「書籤上帝」（Bookmark God）❼並不干預人類事務，但卻可用於解釋宇宙的起源和其他科學尚無法解釋的宇宙現象。例如，祂並不會挑戰如今已蔚為主流的演化論——正相反，他被認為是演化原理的制定者，制定後不再管事，任由這原理自行運轉，變化出許許多多不同生物。隨著科學在知識大書

❻譯註：這裡作者是以米開朗基羅畫於羅馬西斯汀教堂的天棚畫和壁畫來形象化最傳統的上帝觀。

❼譯註：稱之為「書籤上帝」是表示這上帝的作用形同「知識大書」的書籤（「知識大書」的比喻見本段最後）。

（book of knowledge）上填滿更多空白頁，「書籤上帝」也愈來愈被放到全書的更後面。

以上提到的神（包括「書籤上帝」在內）都是一些人格神。但有些人表示他們相信的是非人格神。他們所謂的「非人格」（impersonal）可不是個性疏遠冷淡之意❽，而是指他們的神毫無人的特徵。對此，我們難免會想要一問：沒有「人格」的神長什麼樣子？一個非人格化的神與非神（no god）分別何在？一般所謂的人格神是指擁有各種人類特徵和能力的神，特別是具有心靈和意志，可以透過意志的行使讓一組意圖付諸實現。但人格神擁有的能力又是大到無法想像的程度，不管是智慧和意志力都比人類大上無限倍。但一如智慧、意圖和意志只能是「人」（Person）的屬性，完美的智慧、意志和目的亦必然只能是一個完美者（Perfect person）的屬性，不可能是一個「非人」（nonperson）的屬性。

然則，一個非人格神會是長什麼樣子？回答這個問題時，我們當然先得排除比喻性的用法。當人們以「只有上帝曉得」（God knows）一語回答問題時，是指他們認為該問題無人能回答。愛因斯坦也常常以打趣的方式提到上帝。例如，他說他一直設法在窺看上帝的心靈，又說他不知道上帝創造宇宙時是不是別無選擇。這些比喻都是奠基於假設性假定甚或違反事實的假定。那些說「只有上帝曉得」的人等於是說：假設若上帝存在（If a god existed）❾，祂就會知道任何人都不知道的事情。愛因斯坦等於是說：假設如果宇宙是上帝創造❿，那祂有能力隨心所欲創造物理法則嗎？還是說祂別無選擇，只能接受數學真理約束？這些用法都

❽ 譯註：英語 impersonal 的其中一解是個性的冷淡疏遠。

❾ 譯註：這是英語文法所謂的「虛擬性」假設語句，用於表示說話人認定假設的內容極不可能為真。

❿ 譯註：同前。

不是針對一個非人格神而發。正相反，它們的修辭力量皆是仰仗一個虛擬的人格神。

為了給非人格神找到一個更合適的候選者，我們必須轉向哲學的領域。大有影響力的德國神學家田立克（Paul Tillich）說過，人格神的觀念只能是一個指向別物的象徵符號。他這裡所說的「別物」會不會就是指非人格神呢？田立克的原話如此：

> 這個存有（being）與意義之根基與深淵⓫的外顯（manifestation）創造出現代神學所稱的「敬悚交加體驗」（the experience of the numinous）……在大部分人，這種體驗都是發生在某些個人、某些歷史或自然事件、某些事物、某些文字、某些圖畫、某些調子、某些夢境等等在人類靈魂所烙下的印象，從而創造出神聖感知，也就是

創造出「敬悚交加」。宗教活在這一類體驗中，而它也設法維持這個神聖深度，並與之溝通。但由於這個神聖深處不是任何客體化概念所能「企及」，所以必須用象徵符號來表達。其中一個象徵符號便是人格神。古典神學有這麼一個常見觀念（它幾乎見於教會歷史的所有階段）：「人格」這個謂詞只有在被用作象徵或比喻或同時兼具肯定與否定作用之時，方能用於言說神靈（Divine）……沒有一點「無神論」的成分，就沒有任何「有神論」可以維持。⑬

田立克的神學異常複雜，所以用他單一段文字去涵蓋他的整個立場也許有失明智。但上述一番話仍然引人入勝。他等於是說，宗教必須宣

⓫ 譯註：「存有與意義之根基與深淵」大概就是指神（divine），意指祂是一切存有的根基又深不可測，無可形狀。

稱有一位人格神存在，與此同時又不能按字面意義了解這宣稱。宗教提供人格神的觀念只是一種姿態，只是為了言說不可言說者所不得不爾，所以這種姿態也只有在宣稱神存在的同時又否定之的情況下方為恰當。換言之，他並不是說人格神的觀念是指向非人格神的象徵符號。宗教體驗的精髓只能透過同時肯定和否定一位人格神的存在而表達出來。在他的描述裡，宗教體驗的「敬悚交加」特質屬於傳統宗教的「價值部分」要多於「科學部分」，也因此，這種體驗同樣是宗教性無神論者所能夠分享。愛因斯坦嘗言：「心靈應該用謙卑態度面對化身在萬物裡的莊嚴理性。」而田立克指出，愛因斯坦這番話指向的是——

> 整個物理世界和整個超個人價值世界的共同根基。這根基一方面外顯於存有的結構（物理世界）和意義的結構（真、善、美），另一

方面又深隱在自己無可窮盡的深處。⑭

田立克與愛因斯坦之不同看來在此：兩人雖然共享著同一種宗教性信念，但愛因斯坦認為表達這信念的最好方法是否定人格神的存在，而田立克認為最好的方法是同時否定與肯定人格神。我們也許可以說，田立克同時是一位宗教性無神論者和宗教性有神論者，相信宗教體驗的「敬悚交加」特徵可以泯滅兩者的差異。

現在讓我們看看另一個更有趣的個案：史賓諾莎（Baruch Spinoza）。一六三二年生於阿姆斯特丹一個猶太社群（其先世是西班牙宗教迫害期間被逐出伊比利亞半島的猶裔葡萄牙人），史賓諾莎後來被阿姆斯特丹的拉比逐出教門，罪名是信奉無神論。然而，「上帝」不只在史賓諾莎的理性主義形上學裡佔有一核心和顯著位置，他本人也被一個世紀之後的浪漫主義者稱為「迷醉於上帝者」（god-intoxicated）。

我們不難理解史賓諾莎何以會被同胞視為無神論者：凡是他們認為上帝該有的屬性他一律否定。據今日的主流解讀，史賓諾莎主張的並非神不存在，而是上帝與萬有等寬。他說過，上帝就是萬有，而萬有就是上帝。事實上，他至少有過一次聲稱上帝不外是大自然的別稱。所以，史賓諾莎的上帝不是一個站在萬物之外的有智慧者，也從未靠著意志力創造出宇宙及其物理法則。他的上帝只是全體物理法則的總合再加以不同角度的觀照而得之。這個上帝不像聖經中的上帝那樣是按照心思目的行事，亦對世界是什麼樣子或會變成什麼樣子別無選擇（愛因斯坦那個打趣的疑問由此得到了回答）。因為上帝是自然法則的體現，無法違背這些法則行事。上帝的行為是機械性和前定的。萬物都是以它們只能是的樣子存在。⑮

但如此一來，上帝豈不是像櫥窗飾物一樣，可有可無？既然大自然就是一切，也解釋得了一切（以物理法則的方式來解釋），用不著訴諸任何目的或計畫，那何必還要多此一舉把一位上帝牽扯進來？一直有人主張，史賓諾莎雖然安於過孤單生活又不慕榮利，喜歡用潦草的字跡和費解的論說方式行文，但心底其實仍然希望有若干具同理心的讀者會明白他的真正觀點。那他的真正觀點是什麼呢？有一說認為，史賓諾莎會在作品裡像撒五彩紙屑那般大撒上帝，是為了把他赤裸裸的無神論給隱藏起來。但這看來極不可能：畢竟他早已被貼上無神論者的標籤。況且他的上帝也不是被隨意撒在他的論證之上，而是位居於這些論證的核心。所以，他為什麼需要一個上帝必然另有理由。

很多學者把史賓諾莎歸類為「泛神論者」（pantheist），但這樣形容只是為表示他在任何事物中都可以找到上帝。哲學家之間對何謂泛神論者的看法不盡一致。史賓諾莎專家納德納（Stephen Nadler）拒絕「泛神論者」這種稱呼，理由是泛神論者對大自然（由於大自然是神的體現之故）採取一種膜拜態度，而史賓諾莎卻反對這一類膜拜。⑯然而，我們應該對這種觀點有一點保留。愛因斯坦常常把史賓諾莎引為前輩，表示史賓諾莎的上帝就是他的上帝。愛因斯坦並不相信人格神的存在，但卻「膜拜」大自然。他對大自然充滿敬畏，又認為任何科學家都應該在宇宙的美與神祕莫測面前心存謙卑。所以，他表現出一種對大自然的宗教信仰。反觀史賓諾莎卻不認為宇宙是美。他斷然否定宇宙有美醜可言，認為它是一美學上中立之物。但他卻不認為宇宙是倫理或道德中立。他相信人生的最佳追求是努力認識宇宙的基本法則。他同時相信大自然是正義、個人自由和政治道德的真正基礎。著名的史賓諾莎專家漢普希爾（Stuart Hampshire）把他的宗教態度描述如下：

讓道德真理為真的基礎不在（如基督教傳說所假定的）聖父和聖子的權威，而在於實相（reality）的結構及人在其中的位置。道德真理的基礎只能在實相的永恆構造中尋得，在部分如何構成整體的道理中尋得，在個人結合為社會整體所根據的聚合和穩定之普遍性條件中尋得。⑰

道金斯形容泛神論只是一種「經過塗脂抹粉」（sexed-up）的無神論。我了解他的意思，但「塗脂抹粉」卻是非常不恰當的用語，因為它暗示泛神論只是無神論以廣招徠的噱頭。道金斯又說過，當泛神論者提到上帝，所指者無非是物理法則。這個說法也有真理成分，但我們必須記住，泛神論者談論物理法則時只會稱之為物理實相（physical reality）。道金斯兩個意見都漏掉了最關鍵的東西：史賓諾莎和大部分以泛神論者自居者對大自然所持的宗教性態度。他們有些人把這種態度形容為對「敬悚交加」體驗的反映，換言之，即體驗到某種神祕莫測物事時產生的深深情緒湧動。前引的田立克之言中也出現過「敬悚交加」一語。著名天文學家薩根（Carl Sagan）自謂不相信有人格神存在，但照樣用「敬悚交加」來形容自己的信念。一個解說者指出，薩根此言意謂他「崇敬宇宙。他徹底被自己歸屬於一顆行星、一個星系和一個宇宙的敬畏感、神奇感和驚異感充滿。這些感覺除啟迪了他的發現還啟迪了他的虔敬。」⑱

道金斯有所不見的是，泛神論者都是把他們體驗到的「敬悚交加」當作某種客觀真實的存在。不管就源頭或內容來說，它都不是一種可解釋為出於演化競爭需要或某種深深心理需要的情緒體驗。泛神論者相信，他們體驗裡存在著神奇或美或道德真理或意義或某種其他種類的價值。他們的反應是由某種價值信念產生，是對該信念的一個回應，否認他們體驗到真實的價值就無由精確了解他們的態度。我們不應該說泛神論者（我把史賓諾莎包括在內）雖然不相信人格神，卻相信一個非人格神。更清楚和更精確的做法毋寧是一律把他們稱作宗教性無神論者。如是者，我們有了屬於該範疇的價值信念的另一個例子。至此，我們不再需要「非人格神」這個模糊不清的觀念。

① Albert Einstein, in *Living Philosophies: The Reflections of Some Eminent Men and Women of Our Time*, ed. Clifton Fadiman (New York: Doubleday, 1990), p. 6.

② "Hymn to Intellectual Beauty" (1816).

③ William James, *The Will to Believe and Other Essays in Popular Philosophy* (New York: Longmans, Green, and Co., 1896), p. 25.

④ *United States v. Seeger,* 380 U.S. 163 (1965).

⑤ *Torcaso v. Watkins,* 367 U.S. 488 (1961), fn. 11:「在這個國家，不教導人相信上帝存在的宗教包括了佛教、道教、倫理文化協會（*E*thical Culture）和世俗人文主義等等。」見 *Washington Ethical Society v. District of Columbia*, 101 U.S. App. D.C. 371, 249 F. 2d 127; *Fellowship of Humanity v. County of Alameda*, 153 Cal. App. 2d 673, 315 P. 2d 394; II Encyclopaedia of the Social Sciences 293; 4 Encyclopaedia Britannica (1957 ed.) 325– 327; 21 id., at 797; Archer, Faiths Men Live By (2d ed. revised by Purinton), 120– 138, 254– 313; 1961 World Almanac 695, 712; Year Book of American Churches for 1961, at 29, 47."

⑥ Richard Dawkins, *The God Delusion* (Boston: Houghton Miffl in, 2006), p. 8.

⑦ 見Ronald Dworkin, *Justice for Hedgehogs* (Cambridge, MA: Belknap Press of Harvard University Press, 2011), chap. 8, "Conceptual Interpretation."

⑧ William James, *The Varieties of Religious Experience* (New York: Modern Library, 1902), p. 47.

⑨ 想對我這方面立場有更深了解的讀者可參考拙著 *Justice for Hedgehogs*, *chap*. 2, "Truth in Morals."

⑩ Richard Dawkins, *Unweaving the Rainbow: Science, Delusion and the Appetite for Wonder* (Boston: Houghton Miffl in, 1998), p. xi.

⑪ Rudolf Otto, *The Idea of the Holy* (1917), trans. John W. Harvey (Oxford: Oxford University Press, 1958), p. 7.

⑫ David Hume, *A Treatise of Human Nature* (1739– 1740), bk. 3, pt. 1, sec. 1. 1

⑬ Paul Tillich, "Science and Theology: A Discussion with Einstein," in Tillich, *Theology of Culture*, ed. Robert C. Kimball (New York: Oxford University Press, 1959), pp. 130– 131.

⑭ Ibid., p. 130. 一個有關愛因斯坦與田立克歧異處之討論，見 Max Jammer, *Einstein and Religion: Physics and Theology* (Princeton, NJ: Princeton University Press, 1999), pp. 107– 114.

⑮ 見 *Benedict de Spinoza, Ethics (1677), pt. 1, "Of God."*

⑯ Steven Nadler, " 'What ever Is, Is in God': Substance and Things in Spinoza's Metaphysics," in *Interpreting Spinoza: Critical Essays*, ed. Charlie Huenemann (Cambridge: Cambridge University Press, 2008), p. 69.

⑰ Stuart Hampshire, *Spinoza and Spinozism* (New York: Oxford University Press, 2005), p. 19.

⑱ *Nancy K. Frankenberry, ed. The Faith of Scientists: In Their Own Words (Princeton*, NJ: Princeton University Press, 2008), p. 222.

2

宇宙

« The Universe »

物理學與輝煌

大自然滿目是美：令人屏息的大峽谷、美麗的日落、潛行的美洲豹和被詩人形容為「會讓人心碎」的白色小玫瑰。在自然主義者看來，這些美只是人的主觀反應：我們因為從中得到愉悅而稱其為美。但對宗教性無神論者來說，這些美是大自然所本具，是因為它們本身有美而為美，不是因為能夠觸動我們。這不是一種「有基實在主義」，因為我們並未假定，我們具有捕捉美的能力這一點是可以靠某種獨立方法加以證明。儘管如此，我們仍然知道日落是美。

但我們在大自然中找到的美，某個方面又極其獨特和令人困惑。第一眼看到大峽谷之時，你會被震懾住。它會讓你又敬又畏。然後，假設（只是假設）你得知大峽谷是前不久才由迪士尼公司的造景師和藝術師創造出來，以便建立世界最大的主題公園。這時，你也許會佩服那些造景師的本領和造園計畫的雄心，但大峽谷在你眼中的神奇魅力將會盡失。再以漂亮花朵為例。當你得知眼前的漂亮花朵只是某家高明的日本生產商製造出來（造得跟真花的香氣、質地和顏色等完全一模一樣），你也許會佩服其高明技巧，但神奇之感會再一次從你眼中消失。這兩個例子的意涵很清楚：大自然包含的事物之所以為美，不僅是因為它們本身美。它們的神奇還有賴它們是大自然的產品，而非人類巧思或技巧所創造。

在另一些情況，我們又會珍視一件人為作品而鄙夷另一件一模一樣的「偶然之作」。例如，波洛克（Jackson Pollock）❶的《藍竿》（*Blue Poles*）被公認是美妙傑作，但假若另一幅一模一樣的「畫」是因一家油漆工廠發生爆炸而被創造出來，則後者除了讓人嘖嘖稱奇以外，將了無價值。然而我們記得，大峽谷之所以讓人屏息，正因為它是出於偶然而非出於設計。然則，要怎樣解釋我們對人為產品與自然產品這種態度差異呢？以下是一個假設：大自然的細部有時會異乎尋常地美，是因為大自然以整體來說就是美的。大峽谷的「偶然」是一種不尋常的偶然，它是一則更偉大甚至更崇高的故事（有關大自然的創造和演化的故事）的一部分。

在這一章，我打算離開主導著我們大部分人人生的宗教性價值（即我們對自己和別人人生都負有種種責任），轉而探索另一種非常不同的宗教性價值：讓愛因斯坦及其許多同仁都迷醉不已的宇宙之美。有神論者把這種美的作者歸為一位神：他們相信是上帝刻意創造出大峽谷。但一個對大峽谷充滿敬畏的無神論者卻必須另覓解釋，而他的解釋必然是：演化過程及由其創造的富麗堂皇宇宙本身就是一個美之源。自然主義者不會有這種思路。對他們來說，只有那些可引起我們感官愉悅的宇宙部分才有美可言。他們會覺得宇宙整體只是一個氣體和能量偶然湊成的大雜燴。反觀宗教性態度則認為宇宙具有複雜無比的秩序，因而煥發著美。這種信念歷史悠久，各時各代都有哲學家、神學家和科學家對此深信不疑：柏拉圖（Plato）、奧古斯丁（Augustine）、田立克和愛因斯坦都是箇中例子。有神論者認為宇宙的輝煌很好解釋：它是被創造成為輝煌。現在我們要來問問，是什麼理由讓宗教性無神論者有著同樣信念。

❶譯註：美國「抽象表現主義」畫家，以類似「潑灑」的方式作畫，作品的畫面色彩變幻莫測，線條錯綜凌亂。

這必然是從他們的科學而來。他們必然是倚重物理學和宇宙學而非神學：是科學讓一個宗教性無神論者可以至少窺見宇宙一點點的美。但宇宙是美這信念本身卻不是科學：不管物理學對暗物質（dark matter）、星系、光子和夸克（quark）有再多理解，那個宗教性問題仍會繼續存在。為什麼由這些東西構成的宇宙是美的？我認為這個問題的答案迄今依然模糊不清。宇宙學和粒子物理學迄今最驚人成就仍無法顯示出宇宙美得就像某些科學家所相信的那樣。所以，「宇宙是美」更多是一個宗教性信念而非科學性信念。以這種方式，宗教的兩個分支（有神論宗教和無神論宗教）邁向了匯聚。兩者（雖然出之以不同的方式）都是奠基於信仰。

前面指出過，愛因斯坦認為「真正宗教情懷的核心」在於能夠欣賞宇宙的「璀璨美」。他又說過：「我們能體驗的最美之物就是奧祕。它是所有真正藝術與科學的源頭。凡對這種情感陌生，凡是不會在奧祕前面感到驚訝、狂喜和敬畏的人，充其量只算死人；他的眼睛是闔上的。」①說這話時，愛因斯坦心裡想著的是那些他窮畢生之力想要解開的奧祕，而那也是我們接下來要關注的主題。我知道，各位會覺得「美」這個字顯得太籠統和太狹窄，不足以涵蓋愛因斯坦提到過的所有情緒：驚訝、狂喜與敬畏。這些都是不同的概念。不過，就我所讀過的科學家著作，作者莫不以一個「美」字來涵蓋上述各種情緒概念，基於此，我相信「美」這個字雖然太模糊、太籠統，仍然足以涵蓋我想要探索的現象。

愛因斯坦對大自然之美的信念顯然為大部分最頂尖的物理學家所共享。以下是我讀過的所有科普著作的一個書名小取樣：《優雅的宇宙》（*The Elegant Universe*）、《懾人的對稱：現代物理學對美的探求》

（*Fearful Symmetry: The Search for Beauty in Modern Physics*）、《探入最深處：粒子物理學教人屏息之美》（*Deep Down Things: The Breathtaking Beauty of Particle Physics*）。[2]以下這番話也有代表性地說出了那些立志追隨他們艦長腳步的科學家的雄心：「愛因斯坦想要把宇宙的運作照明至前所未有的明晰程度，好讓我們全都在宇宙的大美與優雅前面敬畏站立。」[3]這些著作無一語暗示宇宙之所以為美，是因為有一位神把它創造成如此。它們的作者從未否定創世之說，但又宣稱宇宙（不管是其無限大還是無限小的面向）是因其本身而為美，無關乎是誰所創造。換言之，他們認定宇宙之美具有客觀實在性。

然而，從我為數有限的閱讀所得來的印象，他們迄今都未能充分回答，甚至未能恰如其分地體認到兩個問題（它們是本章的關注重點）。第一，這種對客觀之美的信仰在物理學家的實際研究與思辯中扮演何種角色？諾貝爾獎得主溫伯格（Steven Weinberg）對此有一回答：

物理學家不只一再靠美的直覺發展出新理論，還一再靠美的直覺來判斷它們的有效性。在在看來，我們正學會如何在大自然的最基本層次期待它的美。在我們邁向發現大自然終極法則的過程中，沒有什麼比這個事實起著更大的激勵作用。④

這番話暗示，一個科學假設的美可做為其真理性的證據。但為什麼會是如此？難道一個理論美不美跟它真不真的問題不是無關的嗎？但替代方案何在？難道我們得要說，正確科學假設之所以會同時表現出美，純粹事出湊巧？難道「大自然的終極法則」最後果真表現出美的話，也只是一種天大的好運氣？但如果是這樣，溫伯格又怎能認為當前走紅的種種理論的美充滿「激勵作用」？除了把美當成證據或視為偶然之外，「美」在科學研究上還有第三種可能扮演的角色嗎？

再來看第二個問題。溫伯格和其他物理學家所說的宇宙之美是一種什麼樣的美？我們可望在星系或夸克（quark）的起舞中發現的是哪一類的美？在日常生活中，我們會經驗到很多不同種類或向度的美。例如，人之美就有別於漂亮建築或精采象棋棋步之美。在這些不同的美之中，何者是我們有理由希望可以在宇宙或一顆原子裡找到的呢？但我們不可能去經驗整個宇宙或一小顆的原子。那麼，我們能有理由去假定兩者共有的美是哪一種美？我們必須一前一後地一起追問這兩個問題。

美如何能指引科學研究？

假如有扮演角色的話，那宇宙之美在粒子物理學、天文物理學和宇宙學扮演著何種角色？正如我剛才指出的，最簡單的可能關聯之一是這個：一個理論之美可做為其為真的證據，而愈美的理論便愈有可能為真。詩人濟慈（John Keats）說過，美不只是證據，還是決定性證據。其詩云：「美即真，真即美——這是我們可望在這世上知道，也是唯一需要知道的。」⑤根據這種觀點，如果我們面前擺著幾個候選的萬有理論（theory of everything）❷而又沒有決定性實驗證據或觀察證據可決定何者

❷譯註：萬有理論為假定存在的一種具有總括性、一致性的物理理論框架，能夠解釋宇宙的所有物理奧祕。

為真，那它們當中最美的一個便最有可能為真。

自然主義者當然不會接受此說。在他們看來，「美」不能充當「真」的證據，因為「真」是有關事物的本然，而「美」是有關我們的感覺。要論美，歷來最美的一個理論大概是這個：世界是由一隻大象扛著，而大象又是踩在一層疊一層的無數隻烏龜上面。但這理論的「美」卻完全不能充當宇宙是靠無數烏龜撐起的證據。不過，濟慈的格言卻一度被那些虔誠相信「西斯汀上帝」的科學家所秉持。他們宣稱，「美」之所以可充當天文學真理的證據，是因為「西斯汀上帝」對美有著不會錯的鑑賞力，也必然會希望祂創造的宇宙合乎美。圓形是美的，故行星繞日運行的軌道也大有可能是圓形。克卜勒（Johannes Kepler）最初就因此而相信圓形軌道之說，哪怕這理論跟他觀察到的資料相互牴觸。要等到後來，他才終於服膺於觀察數據，改變看法。因此也許可以說，對克卜勒而言，「美」多少是天文學真理的證據，但其證據力及不上觀察的證據，所以最終只能被推翻。

但相信宇宙是美的當代科學家並未假定宇宙是由一個神聖藝術家創造，所以也無法用上帝來為「美」可證「真」之說背書。那麼，有什麼理由是他們也許可以憑依的呢？有些科學哲學家主張「美」與「真」之間存在一強大概念性關連。他們說「美」是科學真理的定義的一部分。所以，當科學家宣稱一個理論為真之時，就等於宣布這理論有美存焉。這是對濟慈主張的一個更強解讀，即不只主張「美」可充當理論的證據，還主張「美」是讓理論為真的要素。⑥但大部分物理學家（包括大部分最著名的那些）都是頑強的實在主義者，相信宇宙在某個意義下是實然存在（really is），而他們的責任在於發現宇宙是怎麼個存在法，至於一個理論是否為真與它是否為美毫無關係。他們確實喜歡儉約的理論多於複雜的理論，喜歡優雅的理論多於臃腫的理論。但他們認為他們在宣稱宇宙是美之時，只是在陳述一個事實，不是要更改科學真理定義的語意學內涵。

然而，有些大科學家卻不屬於實在主義者之列。他們認為，假定物理學家的任務是去發現一種完全獨立於心靈的理論（換言之是去揭示宇宙的實然存在方式）乃是誤解了物理學。霍金（Stephen Hawking）最近才把他的科學認識論稱為「模型依賴」（model-denpent）的認識論，指出在宇宙學發展的任何時期，都同時出現過許多解釋得了所有既有觀察數據的模型。

當這樣的模型可以成功解釋事件，我們會傾向於把它（連同構成它的元素與概念）視為具有實相或絕對真理的性質。但對同一個物理處境，我們是有可能建立起不同的模型的（各應用不同的基本元素與概念）。當兩個這種物理學理論或模型可同時精確預測出同一批事件時，我們並不能說它們其中一個比另一個更真。⑦

我們會採用哪一個模型，除了其他考量以外，通常還會考慮「儉約」與「優雅」兩個因素。霍金這種「模型依賴」認識論確實以一種獨特的方式讓「美」成為「真」的定義的一部分，因為「美」和「優雅」不時都會在我們對「真」的取捨上起作用。

但我說過，大部分物理學家都是實在主義者。他們假定有一獨立於心靈的宇宙存在，也認定自己的任務是竭盡所能發現這宇宙的客觀真理。他們既不相信「美」是「真」的證據，也不認為「美」是讓一個理論為真的要素。所以，我們是不是應該用一種非常不同的方式詮釋他們對「宇宙是美」的信念：他們會這樣相信，是不是只表示他們愈來愈有信心，宇宙最終會被證明是美的？根據這種觀點，物理學家是用最好的科學方法去追求大一統理論，看看哪個候選的理論最經得起實驗考驗，之後才用獨立的審美判準去判斷他們的發現是否為美。換言之，如果他們得到的最好理論被證明兼具美，這「美」乃是多出來的紅利。問題是，這樣得到的「美」純屬湊巧，跟我先前便摒斥過的那種「湊巧說」如出一轍。這樣的一種湊巧美並沒有讓溫伯格之類的科學家比霍金的「模型依賴」認識論更有資格相信「宇宙是美」。

而且不管怎麼說，現在宣稱「宇宙是美」都斷然言之過早。就算是那些宣稱「宇宙是美」的科學家都不得不承認，哪怕是今日，他們對宇宙仍所知甚少。迄今已發現的宇宙基本力共有四種：重力（這種力主導恆星、星系和人類之類的大型物體的相互吸引作用）、電磁力（「光」

是其一種顯用）、強作用力（這種力把原子核心裡的質子和中子固結一起）和弱作用力（這種力導致原子衰變）。愛因斯坦有關重力的理論已經被證明過無數次，讓人近乎不可能想像它是錯的。過去幾十年來，一批傑出科學家又發展出一種可解釋其他三種力作用和互動的理論，被稱為「標準模型」（the standard model），而這標準模型也是獲得過無數次的證明，讓人幾乎無法想像它可能包含基本錯誤。例如，它成功預測出一種原先不為世人所知的粒子：「希格斯玻色子」（Higgs boson）。在我寫作本書的過程中，物理學家都激動地相信，「希格斯玻色子」的存在業已被位於日內瓦近郊的大強子對撞機所證實。

但仍然有未解決的問題。最棘手的問題大概就是：愛因斯坦的重力理論和其他三種基本力的「標準模型」互不相容。物理學家一直夢想可以找出一種「終極」理論，透過把重力和其他三種力解釋為基本上是一碼子事而讓兩種理論得到調和。他們尋找這種所謂的「重力量子理論」（quantum theory of gravity）尋找了幾十年，但迄今沒有成功。很多人猜測，這種調和最終也許可以靠「弦論」（string theory）達成。根據「弦論」的假設，宇宙最基本的構成單位是所謂的「弦」。這些「弦」無限小和只有一維度，卻會以十維度振動。但其他科學家反對這假設，而「弦論」的支持者也迄今未能構作出充分一貫的方程式以描述「弦」的振動。

另一個未解決的問題是「標準模式」並未能為各種粒子的屬性（例如它們的相對質量）提供一個理論性解釋，僅能靠觀察斷定，而這些屬性看來又是任意的。而且不管如何，物理學家現在都相信宇宙的所有成分中有九六％是所謂的「暗物質」和「暗能量」，而這兩種東西都不是那兩個主流和不相容的理論可以解釋。另外，有些科學家相信我們的宇宙獨一無二，而另一些則相信它只是散布在多得無法想像的維度的許許多多宇宙之一。換言之，那些斷言「宇宙是美」的科學家乃是在斷言一個他們基本上搞不懂的存在總體為美。所以，任何負責任的物理學家都不可能以「科學發現已經夠多」為理由，自信滿滿地宣稱宇宙（出於湊巧）是美。

然而，還有第三種可能性（也是更可信的可能性）。那就是，宇宙之美既不是一種證據，也不是一種湊巧，而是一種預設——更精確地說是一個預設的一部分。也就是說，相信宇宙有大美的物理學家同時相信宇宙有著某種根本的統一性。他們假定了有一個全面、儉約和統一的理論等著人去發現，而這理論解釋得了宇宙（從最大的星系到最小的粒子）的誕生和運作。溫伯格稱這種對根本解釋的探求為「終極理論之夢」。有鑑於當代物理學有那麼多的未解之謎，竟有那麼多物理學家分享「終極理論之夢」乍看之下也許會讓人驚訝不解。但並不是所有物理學家皆如此。例如，格萊澤（Marcelo Gleiser）在《創造邊緣之破縫》（*A Tear at the Edge of Creation*）⑧一書便發出了不同聲音。他疑心，宇宙最終來說不是統一而是漫無條理。所以，他並不分享「宇宙是美」的信念，堅信只有人類生命具有內在價值。他認為我們的人生和我們對自己人生的塑造有美可言，而無意識的星系或原子則不會有美。他宣稱人是奇妙的，但如果不存在任何統一理論，宇宙本身便無神奇可言。

在在看來，認為「宇宙可透過一種統一理論加以理解」和認為「宇宙具有自在之美」乃是一對有著強烈關連的孿生假設，而這又透露出，後一假設是前一假設的一部分。它是「終極理論之夢」中會放射出先驗之美的部分。它本身不是一個科學假設（狹義經驗主義意義下的科學假設）。根據狹義的經驗主義，純正的科學目標僅限於追求成功解釋和預測一切可觀察的物事。一九六〇年代，隨著偵測次原子粒子（subatomic particles）的加速器技術突飛猛進，大量全新和看似各自獨立的粒子被人發現——包括不同種類的「輕子」（lepton）和「膠子」（gluon）。但物理學家卻抱怨他們只是發現了一個粒子動物園，又開玩笑說應該對再發現新粒子的人罰款。然而，「純正」的科學目標（即但求找出一個可涵蓋一切可觀察物事和具有邏輯一貫性的解釋）理應是不排斥這麼一個動物園的。因為以下的情況並非不可想像：有朝一日，科學家能夠把用既有技術發現的所有粒子整理成一份很長和可窮盡的清單，然後又能夠完全描述每種粒子在所有物理脈絡的行為，以及所有粒子在所有物理脈絡的彼此互動方式，繼而，這清單又被證明可精確預測所有反覆證實過的觀察數據。這樣的話，科學的終極追求不是已經功德圓滿了嗎？

但我們知道，好的科學家不會滿足於這一類「單字背誦表」似的理論。他們對「粒子動物園」現象感到不滿，而這不滿驅策他們尋找一些類型更少和更基本的粒子，要用它們的屬性來解釋由它們所組成的較大粒子的性格與行為。蓋爾曼（Murray Gell-Mann）在這方面取得了開創性的突破：透過發現「夸克」（這名稱取自喬哀思的小說《芬尼根守靈記》），他讓粒子動物園大大縮小。這成就被認為是物理學的一大挺進。然而，夸克研究對自然現象的預測能力並沒有比上述那份假想的臃腫清單更強，所以我們也不能說它提供了涵蓋更全面的解釋。由此可見，物理學家對更儉約和更全面理論的不懈追求，不能僅被解釋為追求一個更接近真理的更可靠假設，還必須被解釋為一種對「美」的追求。

被我們否定過的解釋（「美」是真理的證據或「美」是真理定義的一部分等）都是一些走錯方向的解釋。物理學家會認為他們可以在既有的科學發現裡找到美，是因為他們用想像力想像出一種終極和無所不包的美，然後把它的輝煌往回投射到發現這終極美的過程的每一步。他們的既有發現是以「代表人」的身分而顯得美，因為它們暗示著一種尚未被發現和仍然神祕的終極美。接下來我會探討這種終極之美有可能是哪一類的美。但這麼做之前，我們應該首先注意，物理學家（至少是大部分物理學家）的這種信仰跟廣義的「宗教」範疇若合符節：他們身不由己地相信宇宙體現著一種雄渾之美，但又不預設任何的神做為這美的基礎。雖然明知很多物理學家會不以為然，但我仍然要說，這是宗教性無神論的一個好例子。

這種美可能是什麼樣的美？

現在，我們必須設法找找看，有哪一類「地上美」（即我們日常生活中經驗到的種種美）是跟我們看不見也不可能看見的宇宙整體之美大體相若。明白的是，我們不應憑空發明一種全新的美，而是必須從已知的美去解釋宇宙之美。我剛剛對我們第一個問題（即宇宙之美在科學研究扮演何種角色）所主張的答案為我們的探索多加上一重限制。我們必須找出一種地上之美來說明「宇宙是美」這個假設有何用處。它必須可以顯示，那些在追求終極理論的科學家有什麼正當理由可以假定終極理論將會表現出輝煌之美。非如此我們就不算真正回答了第一個問題，即沒有解釋到「美之假設」在物理學的研究與思辯中扮演何種角色。

我們必須設法像解開聯立方程式那樣滿足這兩個要求（即「美」的要求和「假設」的要求），必須找到一種對美的解釋可以應答二者。我們也許會傾向一個省事的解決方法：相信只要找到一個對宇宙整體的全面解釋，宇宙之美就會自自然然披露出來，即它的美就在於它可以被全面解釋。但這個全面性的終極解釋未嘗不可能就像我描述過的那個粒子動物園：它由極長的一大堆方程式構成，經一部巨大電腦曠日廢時運算後可預測出一切（因此也是解釋了一切）。這樣的全面性解釋可顯示出宇宙是美的嗎？還是說它只會顯示出宇宙（就像格萊澤所說的）是漫無條理？然則，我們是應該改為說一個終極解釋之所以為美，是因為它是儉約的嗎？但到底怎樣才算儉約還有待商榷，而且不管怎樣說，「儉約」的要求也超出了「全面解釋」的要求。這時，我們必須指出何種形式的儉約才算美，而且更重要的是解釋為什麼這種形式的儉約是美。有些經濟學家主張，所有人類行為都是發自經濟自利動機——這樣一種行為理論可說儉約得無以過之。但一種讓利他主義有存在空間的更細緻更複雜理論不是更美嗎？三著致命的象棋棋步真有比二十著致命的棋步來得更美嗎？

所以，我們的聯立方程式難題並不是那麼好解。我們需要一個關於「美」的獨立概念，而且這概念必須要能跟「終極理論之夢」緊密協調一致。我們也許可以從反省一些我們熟悉的美的種類與美的向度著手。就我們所熟悉的美而言，幾乎每種美都位於由純感性美和純知性美構成兩端的光譜範圍內。有些美的感性純度無疑極高（如顏色之美），但大部分我們稱為感性美的「美」（人之美、畫之美、歌之美）其實都多少包含知性成分。我們是透過「濾鏡」（即某些知識或假定）感知到這種美。這道理在建築、詩歌和嚴肅音樂最是明明白白：它們的美固然有著直接吸引力，但這吸引力又多少仰賴著種種歷史假定和其他假定。例如，我們會覺得某些偉大畫作非常動人，足以自動引發我們的感性反應。但這種反應總是滲透著信仰：我們知道這幅畫是羅斯科（Rothko）❸所畫，是畫於他藝術生涯的某個時期，以及是為某種目的和職志而畫等等。一種美愈是接近純知性美，知覺和感性在其中扮演的角色便愈小。二十著致命的棋步或精采法律論證或精采數學證明皆為純知性美的例子。

❸譯註：二十世紀拉脫維亞裔美籍畫家。

對稱是美？

乍看之下，可歸給宇宙整體或其最小構成部分的那種美，其於美之光譜裡的位置理應是極靠近純知性美的一端。因為既然我們無從看見宇宙整體或它最微小的部分，我們又如何能對它們起感性反應？不過，有為數可觀的物理學家似乎都把宇宙之美和我們經驗中的感性美相提並論。他們認為宇宙之美和許多種「地上美」都是奠基於共同的美學美德：對稱。例如，徐一鴻（Anthony Zee）論宇宙之美的著作❹便是以「懾人的對稱」為書名——這語句取自布雷克（Blake）的詩，原是用於描寫老虎之美。我們毫無疑問會覺得對稱賞心悅目，而許多被我們稱為美的東西（如泰姬瑪哈陵和安潔莉娜・裘莉的臉）都確實表現出古典的對稱之美。雪花在顯微鏡下呈現的「六角形對稱」讓我嘖嘖稱奇。同樣無可否認的是，「對稱」在理論物理學扮演著關鍵角色（詳下文）。但問題是，日常經驗中讓我們愉悅的對稱和物理學家借重的對稱是否充分相似，以致我們有權把宇宙之美界定為一種感性美？

要回答這個問題，我們可以先從「對稱」的一般定義談起。根據這定義，「對稱」意謂在經歷規則性的變形或代換後保持不變。一個球體擁有完全的旋轉對稱（rotational symmetry）：不管你讓它往三度空間的哪個方向轉，它看起來都一模一樣。正方形則只擁有一度空間的「九十度

❹譯註：這書就是前文提過的《懾人的對稱：現代物理學對美的探求》。

對稱」，即只有在一個平面上轉動九十度的情況下才會是一模一樣。雪花擁有的是「六角形對稱」，會在旋轉六十度的情況下看起來一模一樣。泰姬瑪哈陵的對稱是九十度的旋轉對稱。安潔莉娜・裘莉的臉是「鏡像對稱」：鏡中的臉與鏡外的臉分毫不差[5]。

這些全是「地上」的對稱。物理學所倚重的卻是面貌相當不同的對稱。最重要的一種物理學對稱大概也是看似最天經地義的一種：不管時間、空間和方向如何變化，基本的物理法則皆為不變。不管你是人在冰島、智利還是某個三億光年之外的外星球對某種物理定律進行實驗，結果都會是一樣（外星球的個案是假定如此）。麻省和羅德島的法律不盡相同，但大自然的律則卻不會因地而異。我們可以把這類「對稱」稱為物理學的背景性對稱（background symmetries）。其他較專門的對稱看起來要較不可思議。例如，愛因斯坦的狹義相對論顯示，在兩名以不同速度但皆是以勻速前進的實驗者眼中，光都是以一樣速度前進。在廣義相對論裡，愛因斯坦又顯示過，對兩名不只行進速度不同且加速率亦不同的實驗者，光的速度照樣是一樣。諾貝爾獎得主葛羅斯（David Gross）指出：「愛因斯坦在一九〇五年的重大成就是把對稱放到首位，把對稱原則視為大自然的首要特徵，以之限定哪些動力法則才是可被認可。」⑨「標準模式」的成功基本上也是有賴它那些有關粒子和力的基本方程式表現出對稱。

葛林（Brian Greene）這樣說明他的本行：

> 物理學家還相信……他們的理論之所以是正確，是因為它們（以某

❺譯註：指左臉和右臉一模一樣。因為除非左臉和右臉一模一樣，否則鏡中的臉和境外的臉不會分毫不差。

種難以言喻的方式）讓人感覺對勁，而「對稱」觀念在這種直覺裡扮演關鍵角色……除重力以外的其他三種基本力（電磁力、強作用力和弱作用力）都是奠基於其他更抽象和同樣有驅策力的對稱原理。所以，大自然的種種對稱並不只是自然法則的結果。以現代觀點觀之，對稱乃是物理法則所從出的基礎。⑩

不過，我們想知道的不是「對稱」對追求「終極理論」的科學研究是否關鍵，而是想知道「對稱」是否解釋得了「終極理論將可揭示出宇宙的璀璨美」這個進一步的假設。物理學家看來認為可以。他們在這一點上把科學與藝術相提並論，也許是受「地上」對稱常常會讓我們覺得悅目的事實啟發：我們會欣賞對稱的建築和臉孔，又常常會被不對稱弄得不舒服。但這樣直接在宇宙之美和宇宙對稱之間劃上等號看來太粗糙了一點。我承認，光是業已發現的種種宇宙對稱便極端引人動容，而且想必在「宇宙是美」的假設裡扮演著重要角色。但對於理由何在，我們還需要一個更深入的解釋。

為什麼說「太粗糙」呢？首先，對稱在我們的日常生活裡並不必然賞心悅目。我們覺得最悅目的對稱是鏡像對稱和旋轉對稱，但這些對稱又常常意味著沉悶而不是美。一個沒有沙丘和陰影的沙漠十足對稱，因為不管你望向哪個方向都是一個模樣。但這只會讓人覺得無聊乏味，反而一個有沙丘隨機出現（也因此帶有陰影）的沙漠會讓人覺得美。

我們還必須留意「地上」的對稱觀念存有一個重要歧義。有時當我們讚美什麼東西對稱，心裡其實並沒有想到任何種類的不變性。例如，我們會稱讚一幅畫或一首十四行詩有對稱之美，只是因為它們的各部分平衡得恰到好處，而不是因為它們真的表現出旋轉對稱或其他專門的對稱。《美國新字典》（*The New American Dictionary*）把這種用法標示為「特殊用法」，指出它意指「一事物各部分的比例恰如其分」。在這個意義下，一棟明顯不對稱的建築一樣可以被認為是對稱：倫敦的勞依茲大樓（Lloyd's Building）的或北京的央視大樓都是箇中例子。另外，一件藝術作品光是表現出平衡也並不必然會討喜，因為這平衡有可能會流於機械化。所以，這兩個意義下的「對稱」是否可以構成美，乃是受許多因素影響。再者，日常生活經驗到的對稱相當接近「地上美」的純感性端（它們讓我們眼睛愉快），但物理法則所表現的種種對稱卻位於純知性端——所以，如果說它們能賦予宇宙以美，則賦予的必然是一種純知性的美。這美必然就是那些能解釋種種物理學對稱的方程式與法則所表現的美——一種類似於優雅數學證明所表現的純知性美。然而，「對稱」在知性美中並不具有顯著地位，例如，我們並不會認為用回文❻寫成的數學證明或法律論證更美。

而且不管怎樣，從我們自私的觀點看，物理學中的「不對稱」至少就像「對稱」一樣重要。雖然宇宙在絕大多數維度都是對稱，但它在時間維度卻是不對稱：不管任何地方，「未來」都總是與「過去」不同。另外，宇宙中除了存在著粒子，還存在著反粒子（antiparticle），一顆粒子和一顆反粒子一旦結合，便會彼此抵銷。幸而宇宙中的粒子要多於反粒子，因為若兩者數目對稱，將無一物能夠存在。物理學家迄今發現過最引人動容的「對稱」中，有些只實際存在於宇宙誕生之初的電光石火一剎那（科學家是靠巨大無朋的粒子加速器把它們複製出來），也正是這些「對稱」的即時打破，宇宙才會有了後續的一切發展（例如化學元

❻ 譯註：回文，正讀反讀都能讀通的文句。

素的形成）。宇宙最初的對稱性無疑具有巨大的理論意涵，但我們可以因為這種短暫無比的對稱性而聲稱宇宙是美的嗎？對，我們必須承認「對稱」是宇宙之美所不可或缺，必須考慮葛林所說的那種「讓人感覺對勁」之感，但要能解釋這種信仰，我們必須探求得更深。

宇宙的存在有可能是毫無道理可言的嗎？

這是個歷史悠久的哲學問題。宇宙的存在有可能是毫無道理可言的嗎？它會是它所是的樣子，會不會純屬出於湊巧？理論物理學會不會總有一天碰上一堵牆，以致無法再有寸進？

哲學家萊布尼茲（Gottfried Leibniz）認為這種「湊巧說」不通。他主張，任何事情會發生，背後都必然有一「充足理由」（sufficient reason）。宇宙會是我們所看到的樣子，是因為上帝希望它是這個樣子（萊布尼茲因此認定我們的世界是所有可能世界中最好的一個⑦，因為上帝沒有理由不把世界打造成儘可能的好——這正是伏爾泰的劇作《憨第德》〔*Candide*〕要挖苦的觀點）。儘管如此，有些大哲學家和大物理學家仍然認為，世界會存在純屬偶然，而科學最終也總有一天只能望牆興嘆。像羅素便宣稱：「除了宇宙存在，吾人別無可說者。」⑪常常被稱作繼愛因斯坦之後最重要物理學家的費曼（Richard Feynman）亦說過，他敢指望解釋得了宇宙的運作，卻不敢指望解釋得了它為什麼是它運作的方式運作。所以，他說，我們別無選擇，只能接受「大自然如其然的荒謬面貌。」⑫

常識站在萊布尼茲一邊。在在看來，不管宇宙被安排成什麼樣子，它的樣子都理應可以解釋。即便愛因斯坦的理論解釋不了宇宙大霹靂，也必然有更好的理論解釋得了。我們不能因為他的理論不適用於微觀世界，就放著微觀世界不管。有神論者當然更相信任何事情都有一個解釋：就像萊布尼茲一樣，他們相信宇宙會是它所是的樣子，是出於上帝的安排。但如果一個無神論者相信世界的存在毫無道理可言，那他就只能像羅素那樣，認為宇宙是一種永恆和不可解的偶然。這看來是一種深深不能讓人滿意的立場。

固然，在某些脈絡，我們必須接受不提供理由的答案。例如，如果你問我為什麼喜歡吃杏仁，我會回答：「只是因為喜歡。」我不會否認事情可有進一步的解釋（例如基因學或心理學方面的解釋），只是那非我自己所能知道。但我的回答卻不是你想要的答案。你希望得到一個動機性解釋，就此而言，我無話可說。我甚至解釋不了自己何以無話可說。動機性解釋總是有窮竭之時。然而，物理學卻被認為是解釋的最終

---

7 譯註：萊布尼茲說這個世界是「所有可能世界中最好的一個」不是指它「十全十美」，而是指它是缺點最少和優點最多的一個。上帝不可能創造一個十全十美的「世界」，因為（例如）如果祂想要賦予人類自由意志，便必須同時容忍罪惡的存在。

端。如果物理學解釋不了宇宙的起源和歷史，那這解釋就別無他處可以尋得。

當然，自然現象的解釋有時是可以訴諸或然性（chance）和機率（probability）：例如，量子力學便主張（至少某些對量子力學的詮釋是如此認為），粒子的行為是完全無法確定的：它們會無緣無故在任何地方消失，再無緣無故在任何地方重新冒出來。但量子理論家卻透過用機率保證粒子在宏觀世界的可預測性，讓他們的理論變得可信。但粒子為什麼會按機率行事呢？量子理論迄今回答不上來。事實上，如果「宇宙的存在純屬偶然」之說為真，那這問題也不會有解。這時，我們也許只得承認，粒子的行為是不可理解的。

再一次，這種立場讓人極不能滿意。一個重要的理由是，科學家永遠沒有理由假定他們總有一天（不管多久之後）會走到一個止步點，碰上一堵不思議之牆（a wall of weirdness）。他們永遠沒有理由可以否定一種可能性：只要再出現某種新的數學或概念突破，他們碰到的僵局就可迎刃而解。但這也表示，他們永遠沒理由可以認為宇宙的存在是毫無道理可言。哪怕宇宙真是這麼個樣子，照樣沒人有權相信。

從宗教性無神論者的立場看，「湊巧說」還有一個更讓人不能滿意之處。如果宇宙的存在是無緣無故，那假定宇宙是美或引人敬畏就會變得了無意義。因為宇宙即便真的是美，它的美亦純屬偶然。更糟的是，因為我們無由得知它為什麼會是它所是的樣子，所以也無由得知它是否真是出於偶然地為美。

那麼，我們是不是應該循反方向尋求那個古老哲學之謎的答案？我們是不是必須認為，宇宙的解釋是沒有盡頭的，所以也不可能會出現任何的「終極」理論？是不是必須認為，因為對宇宙的解釋可以無窮後退，所以我們甚至無法想像有抵達止步點的一天？就讓人感到不滿意的程度而言，這種立場看來至少跟上一種立場不相上下。因為科學家一樣永遠不會有任何理由去相信它。他們怎麼知道一個真正的終極理論不是就離他們只有一石之遙？這立場還有一個更根本的困難：如果解釋可以無窮後退，那我們永遠不會有充分理由相信任何事情。因為任何更新更深的解釋都有可能推翻我們原有的基本假設。

但不管怎樣，這個替代性答案一樣無益於無神論者對「宇宙是美」的宗教性信念，理由也跟上述提到的那些差不多。因為假定「宇宙是美」就是假定宇宙客觀上是美，就是假定有一可解釋一切的終極解釋。但如果終極理論不存在，「宇宙是美」的假定就會了無意義。如果我們必須接受解釋可以無窮後退，那宇宙之美便會其薄如紙。

別無選擇性與宇宙

若是我們滿足於上述兩個最直截了當回答的任何之一，就必須放棄那個流行的假定：宇宙最終可以透過某種無所不包的理論而變得可理解。換言之，不管我們認定宇宙的浩瀚和複雜純屬偶然，還是認定宇宙是個必須無窮無盡地解下去的謎，宇宙都必然是不可理解。然而還有第三種可能性。聽聽物理學家穆瑟（George Musser）是怎麼說的：

〔物理學家〕似乎是致力把整個物理世界濃縮為少數幾條方程式——少得可印在所有酷小子都樂穿的T恤上。但實際上，物理學的裁縫雄心要謙遜得多：他們希望發現一種明白得炫目（blindingly obvious）以致根本用不著印在T恤上的理論……他們會找到事物的真相，因為這真相並沒有第二種可能性……任何物理學分支都難於創造一個一貫的理論，因為任何漂亮的科學假設都有一個陋習：它們會在自身包含的內在矛盾的重壓下垮掉。事實上，物理學家對於遲遲未能發現一種「重力量子理論」有著乖戾的快感。但當他們終於找到，他們將會有若干信心相信它必然是真的，因為十之八九不會有別的可能。⑬

愛因斯坦持同一觀點。雖然他不相信有神存在，但他就像很多人那樣喜歡引上帝為喻，以此做為描述終極真理的一種方法。首次聽說量子力學的「不確定性原理」（uncertainty principle）時，他表示這原理不可能為真，因為「上帝不會跟宇宙玩擲骰子」。他深信宇宙的結構不可能是一種偶然。它必須是一種必然真理——大概不至於（像穆瑟所說的）「明白得炫目」，但至少也會是別無選擇的。

這聽起來很玄。何謂宇宙必然或別無選擇地只能是某種樣子？這種主張比我們更熟悉的物理和心靈決定論還要霸氣。物理和心靈決定論主張，「未來」完全是由「過去」所決定：因為自然法則是固定的，所以，世界在過去任何時間的樣子將會完全決定它未來的樣子。對大部分人而言，這種決定論最可怕之處在於它讓自由意志沒有存在餘地：我們的自我決定之感只是幻覺，因為我們會做些什麼，完全是由在我們大腦裡運作的自然法則決定。然而，「別無選擇性」的主張卻要更進一步：它不只主張自然法則會讓「未來」別無選擇地被「過去」決定，還斷言自然法則和它們的起源點必然只能是它們所是的樣子。

這麼一種霸氣的主張要如何證明或只是理解呢？要理解所謂的「別無選擇性」，可試著想像有這麼一個「終極」理論，它包含著全面性的法則，可以解釋宇宙的起源和它現在的運作方式，而且既符合既有的一切觀察數據和準確預測到所有未來的一切觀察數據。再假設，這理論的任一部分都無法有所更易而不致摧毀整個理論的解釋能力（比方說任何更易都會導致該理論陷於自相矛盾）。溫伯格相信，這要求就是他心目中的終極理論的必要條件：

一旦你了解了愛因斯坦採納的基本物理法則，你就會知道他不可能想得出另一種大不同的重力理論。正如愛因斯坦自己在談到廣義相對論時指出的：「這理論的主要吸引力在於它的邏輯完整性。如果從它抽繹出的任一結論被證明為誤，那它就會整個報廢；想改變其部分而不致摧毀其整體結構在在看來是不可能的。」⑭

讓我們把這種理論稱為具有「強整一性」（strong integrity）。但具強整一性的理論本身並不能解決我們迄今面對那個哲學謎題，因為我們還是有權去問：即便一個理論具有強整一性又解釋得了宇宙的一切，但該理論的存在到底是毫無道理可言的呢，還是說我們有可能找到更進一步的解釋，以說明它為什麼會是它所是的樣子？這層考慮顯示出一個理論若想具有「別無選擇性」，還必須能夠滿足另一重的要求：它必須能屏蔽（shield）自身的「強整一性」，換言之是能夠從其自身內部提出理由，以說明我們無權要求一個更進一步的解釋。

我相信，科學中的「別無選擇性」就是指「受屏蔽的強整一性」（shielded strong integrity）。在舉例說明當代物理學是如何設法屏蔽其自身的強整一性之前，應該先指出的是，很多有神論宗教的「科學部分」也正是設計來屏蔽強整一性。我們知道，三大一神教都認為，世界的複雜性（又特別是人類的複雜性）只有透過一位全知全能的有智慧創造者方能充分解釋。一旦接受這個創造者的存在，我們所觀察到和可觀察到的一切都會由此獲得解釋。萊布尼茲的解釋就是一個最直截了當的例子。但我們的哲學謎題卻並未因此獲得解決。因為這樣一個有智慧創造者的存在要如何解釋？祂的存在是純屬偶然嗎？若然，則天地萬有不過是一種可笑的湊巧。但如果不是偶然，那上帝的存在就是可解釋的囉？問題是，一旦承認上帝的存在可以解釋，必然會引發無窮後退❽。基於此，有神論宗教的科學必須屏蔽自己，不讓這些問題有出現餘地。

自柏拉圖以降，這種「屏蔽」都被認為可以由上述的哲學兩難式本身提供（表現得最明明白白的亞里士多德的《物理學》與《形上學》二書）：因為一切都有一個原因，又因為無窮後退事屬荒謬，所以必然存在著一個「無因之因」（uncaused cause）或說「第一動者」（First Mover），換言之必然存在一位神。中世紀哲學以更複雜的方式把這種邏輯發揚光大。聖安瑟（St. Anselm）的本體論論證（ontological argument）是其中的佼佼者：他指出，由於上帝的觀念本身預設了上帝的存在，又因為上帝的概念是可理解的，所以上帝必然存在❾。換言之，上帝的存在有著概念必然性，又因為如此，不管是假定祂的存在事出偶然還是假定祂的存在有一因果性解釋，都是犯駁。另一種論證是說由於上帝是永恆存在，完全超出時間之外，所以我們不能把「偶然」或「因果性」的

❽譯註：即你解釋了上帝存在的原因後，又必須解釋該原因的原因，如此循環不斷。

❾譯註：安瑟姆主張，上帝按定義而「無限完美」，但「不存在」是一種缺陷，故而上帝必然存在。

概念（兩者都以時間序列為前提）應用在祂身上。聖奧古斯丁差不多就是這種立場，因為他說過：既然時間是上帝所創造，那問上帝之前有些什麼便完全說不通。神學家把大量巧思投注於建構這一類論證，但它們某個意義下全是為了屏蔽上帝教義的「強整一性」而設。

數學也有著強整一性。任何基本數學命題的推翻都足以動搖整個系統。但這種「強整一性」仍需要屏蔽：我們必須解釋，為什麼問「數學真理何以是必然真理」的問題是不恰當的。我在第一章描述過數學採取的是什麼樣的概念性絕緣體：一旦明白了數學是什麼，我們就會明白只有數學信念或數學論證足以用來支持或反對一個數學命題。為什麼「七加五等於十二」是一必然真理的問題也許會要求一個數學證明，但當我們進而要求一個對數學必然性的外部解釋，便會變得荒唐。以這種方式，數學的必然性得到了屏蔽。在說明「無基的價值實在主義」時，我亦指出過價值領域的「強整一性」是以相同方式屏蔽。一個健全的道德信念系統總是有著強整一性，換言之它的道德判斷都是彼此支撐，構成一個融貫的整體，而這種「強整一性」復又（就像數學領域的情況）受到如下概念真理的屏蔽：一個價值判斷的支撐力量只能是來自另一個價值判斷，別無其他。⑮

我們很容易明白數學和價值何以可對源頭的問題免疫。但物理學的情況卻有所不同：物理學的邊緣仍然是物理學的一部分。宇宙學必須從自己內部創造出自己的絕緣體，所以我們必須回到物理學。「強整一性」是物理學家之間一個常見的要求：我已引過愛因斯坦、溫伯格和穆瑟對這要求的表述方式。如果一個「重力量子理論」最終會被找到，那它必然是能夠把重力的方程式和「標準模式」的方程式統一起來。這將會大大提高物理學的整一性，因為那將表示，更動任何一條方程式都足以帶來整個理論的崩壞。最近，科學家一度懷疑微中子（neutrino）的速度說不定比光速還快，並為之惶恐不已：因為果真如此的話，其對宇宙學和粒子物理學帶來的衝擊將不只是邊緣性，而是撲天蓋地。

「強整一性」少不了某種「對稱」。如果我們不能合理假定適用於今日地球的法則一樣適用於遙遠的時空，不能合理假定電子和質子的相對重量不會改變，那將不可能存在任何具有「強整一性」的萬有理論。當物理學家以夸克取代了他們的粒子動物園以後，他們理論的「強整一性」獲得了顯著提高。因為在本來那份極長的粒子清單裡，任何粒子的性格即便發生改變仍不會影響全體的粒子，但夸克的類型和法則卻創造出較強的整一性。然後，物理學的整一性復又因為一個發現而進一步獲得大大強化：即發現大自然幾種基本力（如支配著電子和質子互動方式的「電磁力」和把質子固結在一起的「強作用力」）並非相互獨立而是受更根本的法則所管轄。

物理學迄未達到強整一性，甚至談不上逼近強整一性：「重力量子理論」的闕如本身便是一個持續干擾因素。但即便物理學家有朝一日能夠確立一個有著強整一性的萬有理論，那個古老的哲學難題一樣不會有解。例如，假定某種版本的「弦論」最終可被建構得（藉穆瑟的話來說）「明白得炫目」和解釋得了一切，我們仍然有權提出一問：解釋得了量子重力的「弦」是無緣無故存在的嗎？還是說這些以十維度振動的「弦」有其更根本的解釋？若真有更根本的東西存在，它們本身又要如何解釋？

科學仍然需要一個屏蔽，也一直（就像神學那樣）致力在概念的層面尋找屏蔽（在這方面，世俗科學與神學科學變得驚人相似）。例如，有些宇宙學家堅稱，空間和時間本身是起源自大霹靂，所以問大霹靂何時發生、在何處發生或之前是什麼光景都了無意義。問這類問題蠢得猶如問北極的北方是在哪裡。依照這種觀點，我們有權問宇宙是多大年紀（大約一百四十億年，因為時間就是這個年紀），但卻不能問（例如）宇宙出現之前不存在了多久。物理現象的解釋以因果關係為前提，但因果關係卻是以時間和空間為前提。所以，任何解釋都必須止步於大霹靂，而物理學家唯一能做的只是描述大霹靂的光景和追溯它別無選擇的後續發展。不存在無窮後退的問題，因為根本無處可退。我們也不需要承認宇宙是一種漫無條理的偶然之物。沒錯，我們是無法說明宇宙為什麼會裝載著它所裝載的各種法則，但一物之所以為偶然，是因為它有可能是別的樣子，但大霹靂卻不可能是別的樣子。沒有一個從出之處可以讓它成為別的樣子。

這種主張雖已過了全盛時期，卻極佳地說明了一個「屏蔽」想要有效，必須是從它想要屏蔽的理論本身衍生，不能是從外面加上去。上述主張的骨幹是說時間與物理法則只始於大霹靂，所以問大霹靂「之前」是什麼光景毫無意義。但近年卻有一種涵蓋面更大的宇宙觀被人提了出來，並業已經過若干程度的探索。根據這種新觀點，我們的宇宙並非獨一無二，而是一個「多重宇宙」（multiverse）的一部分。多重宇宙裡的宇宙總數極為龐大（甚至多至近乎無限），它們在一個浩瀚得匪夷所思的「空間」不斷冒出，猶如熱燙麥片粥所冒出的泡泡。對於個別宇宙是如何從多重宇宙裡冒出，有不同的理論。例如，有一說認為多重宇宙是以幾何級數的速度不斷膨脹，有些部分因為跟不上膨脹速度而被甩開，形成了個別的宇宙。有一說則認為新宇宙是從既有宇宙的黑洞裡產生。還有一說認為各個宇宙是量子起伏（quantum fluctuation）在毫無物質的「空間」裡所產生，所以某個意義下是生於「無」。

多重宇宙假設被認為有力反駁了一個流行的有神論論證。該論證主張，我們的宇宙在在看來都是經過微調，因為它的各種條件都是剛剛好適合生命生存。只要它一些最細微的部分有所改變（比方說讓宇宙可以膨脹的那種星系與星系之間的反作用力只要有毫釐之差），宇宙便沒有生命體可以存在。這個事實（通常被稱作「人擇」原理〔anthropic principle〕）常常被用於論證神的存在。一個微調得那麼恰到好處的宇宙不太可能是偶然的產物。它出於偶然的機率太低太低了。這種現象必然有一個解釋，而唯一說得通的解釋是宇宙乃神所創造。但多重宇宙假設聲稱可以回應這個論證。我們的宇宙會剛好適合生命存在既不是出於偶然，而我們也無須訴諸一位創造神去解釋人擇原理。因為如果確實有數不清的宇宙正在誕生和死去，那就必然至少會有一個宇宙是由管轄著我們的那些法則所管轄。不存在這麼一個宇宙的機率太低太低了。

那麼，這麼一個適合生命存在的宇宙會出現生命是偶然的嗎？當然不是。只要是適合生命存在的宇宙，會有生命出現便一點都不偶然。不過，我們仍然有權去問：多重宇宙的存在是無緣無故的嗎？還是說我們有可能找到理由說明其存在？再一次，多重宇宙假設本身被認為可以提供一個屏蔽：我們在概念的層次不被容許去問多重宇宙存在的原因，因為我們的因果觀念只是得自我們自己宇宙的，不適用於其他地方。這些不同的概念屏蔽並未窮盡所有可能性，而且誠如我說過的，物理學至今也還沒有找到一個需要去屏蔽的強整一性理論。但它們全道出我們要解釋「別無選擇性」時所需要滿足的條件。它們全產生自它們被設計來屏蔽的理論，不是一種由外加上。

別無選擇性之美

一個全面性的「終極」理論會顯示出超宏觀和超微觀領域的法則皆是別無選擇——這裡的「別無選擇」只是指它規定了哪些解釋才是相干的解釋和被容許問的問題。如果我對終極理論的這種理解大體無誤，那它就提供了一個可解開我們聯立方程式第一聯的方法。它把物理學的主流假設（宇宙是可理解）聯繫於宇宙之美的一個可能候選者。許多物理學家們會相信宇宙是美，是因為相信那些統轄一切（從浩瀚的宇宙到超微的物體）的法則彼此交織得緊密無間，以致彼此只能透過彼此得到解釋，只要稍微更動任一便會帶來全體的崩壞。

現在讓我們再來面對第二個挑戰。這樣一種「別無選擇性」真的是美的嗎？難道我們不能想像，有些人會是用不帶情感的態度來研究這種別無選擇性，認為自己只是跟價值中立的氣體屬性和能量屬性打交道嗎？第二章描述過的那種持懷疑論的自然主義者看來正是這種態度。他們也許會認為「別無選擇性」的觀念激動人心或怡人，又或是會對這觀念產生如同他們看見對稱建築或漂亮落日時會有的情緒反應。但我問的卻是非常不同的問題：那些假定宇宙有客觀之美的物理學家憑什麼認為這美神奇？要能支持這種想法，我們便得看看地上美的光譜裡有沒有哪種美可以解釋「別無選擇性」之美。

一旦往地上美的領域尋找，我們很快便會把它找到。它是偉大藝術作品賴以迷人的部分原因（只是部分原因）。它表現在作品每部分都看似是其他部分所不可或缺，表現在首尾呼應、上下呼應、中心與邊緣呼應。它是一種（用我對物理學用過的形容來說）充分的「整一性」。另外，它的邊界也不是任意的，而是（就像物理學一樣）出自自身內部的要求。小說創造了自身的開頭與結局。我們也許有權問一部小說為什麼要在它的開頭之處開頭，但這樣問的時候，我們只能期望從它的四角獲得回答，只能視之為一個文學決定（一個意識到我們也許會用何種文學理論來框架其藝術價值的決定）。就像宇宙學一般，藝術需要一個理論來規定何謂相干的分析或解釋，以此屏蔽自身的整一性（藝術需要的理論是一個有關藝術價值的理論）。這番抽象說明需要一些實例來搭救，但舉例以前，我有必要把不可少的但書說清楚。首先，我設法要描述的那種「整一性」顯然不足以構成偉大藝術甚至只是佳作的充分條件：它只是藝術價值的一個維度。再來，「整一性」對藝術來說甚至不是必要的。有些藝術不只不追求整一性，反而致力於打破之：即興劇

(happening)、無調性音樂、行動繪畫(action painting)和意識流小說皆屬此類。

我們可把溫伯格對物理學與藝術的類比用作第一個例子。他說:「在拉斐爾的《聖家庭》(*Holy Family*)裡,畫布上每個人物的位置都恰到好處。這畫也許不是你最喜歡的一幅,但當你看著它時,你不會覺得畫中有哪個部分是你會希望拉斐爾畫得不一樣。」⑯這番話即便誇張也只是有一點點誇張。偉大作品總是會讓我們(當然只是第一印象)有一種「別無選擇」的感覺。我們會覺得它們每個元素都是更動不得,否則便是災難一場:讓美淪為平庸,讓本質淪為偶然。當約瑟夫皇帝(Emperor Joseph)向莫札特表示他覺得《費加洛》(*Figro*)音符太多時,困惑的莫札特回答說:音符的數目不多也不少,而是剛剛好。確實如此。就連最讓人突兀的詩行(如什麼「被海豚撕開的大海」或「被鑼鼓折磨的大海」）在經過咀嚼後都會讓我們覺得合該如此。我們從腑臟深處感受到調性音樂的要求：我們渴求衝突的解決，而當這解決來到時，我們又會覺得它是唯一的解決方式。在我們的聆聽中，我們意識到那個美妙的和弦是別無選擇的。

亨利．詹姆斯（Henry James）在小說《奉使記》（*The Ambassadors*）的序言裡以其一貫的艱澀風格從藝術家角度說出同一道理：

> 出於自己天才所固有的法則，戲劇家總是不只致力從構想得當的緊密處境導出一可能的（possible）正確結局。他做的遠不止於此：他還會不能自已地相信，任何必須尊重的提示會讓處境的「緊密性」（不管結局為何）具有必然性。在貪婪撿起一個必須尊重的提示時，我會問自己：幾乎別無選擇地會以這提示為中心的那個故事會

> 是什麼樣子呢？這類問題的一部分魅力就在於，一個「故事」若能透出真實味道，它就是從這階段起披上具體存在的本真性。這樣，它的精髓就存在了——雖然或多或少仍然顯得隱隱約約，但已開始存在了。所以根本問題不在於寫些什麼，而只在於如何完美呈現。這同時讓人非常愉快又非常苦惱。⑰

藝術的結構性武器（文類、和諧、用韻、音步等等）全都有功於營造別無選擇之感，而它們的歷史和力量也許都是產生自我們對別無選擇性的渴求。我們對十四行詩形式的知識大大加強了任何好詩的起承轉合給予我們的別無選擇體認。科爾．波特（Cole Porter）❿的行間韻

❿譯註：美國作曲家。

（internal ryhme）之所以會讓我們愉悅（即便程度低於十四行詩），根本理由也在此。但我必須謹慎，避免言過其實。我不是說偉大藝術的所有細節都必須是充分整合，只是說高度整合對它們的偉大性居功不淺。莎劇《馬克白》的文句無疑是可更動而不致有損整齣戲的藝術成就（事實上不同版本的文句便各有出入）。但這戲劇的偉大性有一大部分是源於其所提供的形象的整一性：這整一性除了有功於加強全劇的整體力量，還讓各個單獨形象的力量獲得加強，但更重要的是，它會讓觀眾愈來愈感覺到整齣悲劇只能是以它結局的方式結局。整一性和別無選擇性不只在傳統意義的藝術扮演重要角色，還對從純知性美到純感性美的幾乎每一種美都有所參與。就像詩或戲劇一樣，數學證明或法律論證也會在除去冗句贅字和多餘假設之後變得更美，會讓人益發感覺它們別無其他可能的呈現方式。對相信美是真實的我們來說，那個認定宇宙最終可被充分理解的科學假設也是一個煥發著客觀美的宗教性信念。

① In *Living Philosophies: The Reflections of Some Eminent Men and Women of Our Time,* ed. Clifton Fadiman (New York: Doubleday, 1990), p. 6.

② Brian Greene, *The Elegant Universe: Superstrings, Hidden Dimensions, and the Quest for the Ultimate Theory* (New York: W. W. Norton, 2003); Anthony Zee, *Fearful Symmetry: The Search for Beauty in Modern Physics* (Princeton, NJ: Princeton University Press, 2007); Bruce A. Schumm, *Deep Down Things: The Breathtaking Beauty of Particle Physics* (Baltimore: Johns Hopkins University Press, 2004).

③ Greene, *The Elegant Universe*, p. xi. 4.

④ Steven Weinberg, *Dreams of a Final Theory* (New York: Pantheon Books, 1992), p. 90.

⑤ John Keats, “Ode on a Grecian Urn” (1820).

⑥ 普特南（Hilary Putnam）即為箇中例子。他指出，有些價值判斷是內在於科學探究本身，包括了「一貫性，儉約性和可信性等等」。（見 *Ethics without Ontonology*[Cambridge, MA: Harvard University Press, 2004], p.67）

⑦ Stephen Hawking and Leonard Mlodinow, *The Grand Design* (New York: Random House, 2010), p. 7.

⑧ Marcelo Gleiser, *A Tear at the Edge of Creation: A Radical New Vision for Life in an Imperfect Universe* (New York: Free Press, 2010).

⑨ David J. Gross, “Symmetry in Physics: Wigner’s Legacy,” Physics Today, December 1995, p. 46.

⑩ Brian Greene, *The Fabric of the Cosmos: Space, Time, and the Texture of Reality* (New York: Vintage, 2005), p. 225.

⑪ Bertrand Russell and F. C. Copleston, “A Debate on the Existence of God,” in *The Existence of God*, ed.

John Hick (New York: Macmillan, 1964), p. 175.

⑫ Richard P. Feynman, *QED: The Strange Theory of Light and Matter* (Princeton, NJ: Princeton University Press, 1985), p. 10.

⑬ George Musser, *The Complete Idiot's Guide to String Theory* (New York: Alpha Books, 2008), p. 188.

⑭ Weinberg, Dreams of a Final Theory, p. 135.

⑮ 我在拙作 *Justice for Hedgehogs*（Cambridge, MA: Belknap Press of Harvard University Press, 2011）曾用很長篇幅捍衛這種觀點。我把這些語句收進本書，只是為了顯示本書的論證是如何可與該書的論證焊接在一起。

⑯ Weinberg, Dreams of a Final Theory, p. 135.

⑰ Henry James, *The Ambassadors*, preface to the New York edition (1909), in James, *Literary Criticism,* vol. 2 (New York: Library of America, 1984), p. 1308.

3

宗教自由

« Religious Freedom »

世界各國的憲法和各種人權公約皆語及宗教。聯合國《世界人權宣言》的第十八條聲明：「人人有思想、良心和宗教自由的權利；此項權利包括改變他的宗教或信仰的自由，以及單獨或集體、公開或祕密地以教義、實踐、禮拜和戒律表示他的宗教或信仰的自由。」①《歐洲人權公約》有著同樣保證，又補充指出：「表現個人宗教或信仰之自由僅在以下情況受限制：不符法律規定者；有違民主社會中表現公共安全之利益者；有違公共秩序、健康或道德者；有違他人之權利與自由法。」②美國憲法「第一修正案」則既禁止政府為某宗教背書（establishing a relig ion），又禁止政府限制「履行宗教之自由」（free exercise of religion）❶。

這些不同條款被認為具有重大政治意涵。它們一律禁止政府因個人加入或不加入任何傳統宗教而施以懲罰。它們也常常禁止政府把任何宗教定為國教，或禁止政府透過金錢資助或賦予特權方式支持某種宗教或所有宗教，或禁止政府制定有獨厚某一宗教或有神論者意味的法律條文。但什麼才算是宗教呢？這個問題對條文的實際執行會構成重大影響。對這些憲法或公約來說，難道宗教僅意謂那些涉及神是否存在或性質為何的信念嗎？還是說宗教應該涵蓋（正如我前面力主的）無神論者有時也會秉持的價值信念？如果「履行宗教之自由」僅保護相信神或否定神的信念，那它將不會保護（例如）墮胎的權利。沒錯，很多反對墮

❶ 譯註：這兩項規定常常被翻譯為「（不得）確立國教」和「（不得）限制信仰自由」，但它們的內涵其實不僅止於此（作者在下文對此有部分說明）。

胎的人都認定神禁止墮胎。但並非所有反對者都是以有神論為理據，而想要墮胎的婦女中也沒多少人相信她們這樣做是神所授意。反過來說，倘若宗教自由不僅保護跟神有關的意見，而且還保護各種對人生目的與責任的深切信仰，那麼，墮胎權是不是宗教議題的問題便大有討論的空間。

我相信，在大多數人的理解裡，憲法文件中的「宗教」二字都是指制度化和組織化的宗教，其所崇拜的是某種神或某個近於神的人物（如佛陀）。另外，最早為爭取宗教自由而開打的幾場戰爭也無疑是致力於保障人有選擇教會的自由。宗教自由最早捍衛者之一的洛克（John Locke）便曾小心翼翼把無神論者排除在這權利之外。他指出，不應該讓無神論者擁有公民權。③不過，宗教自由權利後來又被了解為不只適用於選擇哪種有神論宗教，還適用於選擇不相信神，自此無神論者也被納入了它的保護。但直到現在，這權利仍被了解為人有權自行選擇相信神的存在與否和神的性質為何。我等一下便會介紹最高法院和其他法院一些對宗教的擴大認定——例如把不信神的「倫理文化協會」（Ethical Culture society）也認定為宗教。但在歷史上，以及在現今大多數人看來，宗教意味的是信仰某種神。我們應該讓這個事實決定哪些人有資格受憲法保障的宗教自由所保護嗎？

不應該，因為對基本憲法概念的詮釋並不以公眾輿論或字典定義為依據。它們都是一些「詮釋是賴概念」（interpretative concept），要求的是非常不同的試金石。這一類「詮釋是賴概念」（自由、平等、尊嚴、宗教等等）構成了政治理想的骨幹。我們用它們來決定什麼該受人權和憲賦權利所保護，所以也必須把它們定義得適足以勝任這種關鍵角色。如果想要印證宗教自由是一重要基本權利的假設，我們必須如何了解宗教的概念呢？我們要怎樣構思宗教的觀念，才可以讓人們的宗教選擇與宗教活動得到他們在生活其他方面並未受到的保護？在說明宗教的性質與範圍一事上，任何會讓宗教自由這種鮮明權利顯得愚蠢而任意的說明皆為不可取。我前面已經論證過，要能給予人們紛紜信念一個恰如其分的同等重視，最好的方法是採納一個比有神論層次更深的宗教概念。現在讓我們換一個角度來看同一個問題：把它看成一個除有著哲學深度外還關乎政治道德（political morality）的問題。

宗教自由只跟信哪個神或是否信神有關嗎？

有什麼有力理由可以證明宗教自由只應保障宗教選擇的自由（包括選擇不信教的自由），別無其他？以下是一個可能的理由：宗教戰爭和宗教迫害的歷史顯示，選擇敬拜哪位神對千千萬萬的人有著非常小可的重要性。這些人不但願意殺死別教信徒或不同宗派的本教信徒，甚至寧願被殺亦不願放棄原有信仰。這種激情在歐洲引起過許多恐怖的宗教戰爭，也讓宗教寬容在該地區無比重要。同一種激情繼續在今日的中東和其他地方推動著集體謀殺。沒有其他議題可以激發那麼強烈的情緒，所以，世界繼續有需要用國家憲法和國際公約保障宗教自由。

這些駭人事實固然有助於解釋宗教自由觀念的誕生及其迅速茁壯：例如，它解釋了十七世紀的歐洲人為什麼會認為宗教自由對保障和平無比重要。但它解釋不了現今世界的大多數地區（包括美國和歐洲）何以會需要一種只保護有神論宗教的特殊權利——這些地方並未面臨激烈宗教戰爭的威脅。在這些國家，受惠於宗教自由的都是些冷門宗教，它們人單勢薄，即便信教自由受到剝奪亦無從發起有效的叛變。而且不管怎麼說，宗教自由都廣被視為一種人權，不只是一種有用的法律建構，而任何以和平需要為論據的政策論證都無法證成一項基本人權。所以，若想要捍衛狹義的宗教自由概念，我們需要另一種論證。我們需要指出，有某種關乎個人的特殊利害是那麼重要，以致值得受到特別保護，免使其受政府或其他人的損害。所以，直接要求我們回答的問題必然是：有哪種特殊利害是見於信奉神的人而不見於愛因斯坦之類的宗教性無神論者？

很多有神論宗教的「科學部分」都宣稱，不信服神的人會惹神不高興，因此被摧毀或打入地獄。神的這種大能一度被廣泛認為可以加強各宗派對信徒的拘束力。它極少會被用來支持人有自由選擇崇拜方式的權利。但我們是不是可以這樣論證：因為信徒老是活在一種不見於無神論者的害怕天譴的心理，所以他們應該受到特別保護，以便可以自由履行本宗教的崇拜義務？問題是，這種解釋會讓宗教自由的涵蓋範圍失諸過廣，因為許多正統宗教的信徒並不相信有死後獎懲這回事。它還在另一個方面涵蓋過廣：宗教自由會讓無神論者受到保護，但寬容無神論者卻可能會招致神怒。而且不管怎麼說，人們害怕的事情本就所在多有，例如有些人甚至擔心更先進的粒子加速器會摧毀地球。但政府只有責任保護國民免於合乎實際的恐懼，而它也不能夠宣稱害怕地獄是一種合乎實際的恐懼，因為這等於是為某種宗教信仰背書（這種背書正是宗教自由權利所禁止）。

所以說，正統宗教的科學部門並不能為「宗教自由的適用範圍應侷限在有神論宗教」提供理據。那它的價值部門可否提供這方面的理據？有神論宗教總是加諸信徒各種嚴肅的義務與責任：不只包括敬拜義務和飲食規定，還包括各種社會責任。一個政府若是禁止信徒尊重這些義務，將會深深損害他們的尊嚴與自尊。政府當然有時也有必要限制某些宗教義務——例如它絕不可能允許一種宗教鼓勵信徒殺死外教徒。但當政府的禁止不是出自保護其他人之類的合理理由，而只是因為看不順眼某種宗教所加諸信徒的義務，那它就是侵犯了履行宗教之自由。

然而，這些考慮並不足以證成宗教自由應該是有神論者獨享，因為無神論者也往往秉持一些迫切性不遑多讓的義務信念。反戰是一個熟悉的例子：美國最高法院曾正確詮釋一條容許因宗教信仰而「從良心上」反對戰爭的人豁免兵役義務的法令，裁定有相同信念的無神論者一樣有資格獲得豁免。在第一章，我說過我認為有一種更抽象的信念足以算是宗教性信念，那就是，活出恰當人生是每個人本具和不可推卸的責任。這責任是信徒和無神論者可能共有的其中一種宗教性態度。它要求每個人應該自行回答何種人生是恰當而何種人生會讓人降格之類的倫理問題。依此，每當一個州政府制定禁止或為難同性戀的法令時，它就是侵犯了宗教自由。所以，前述的宗教自由理據（人的自尊需要受到特別保護）並不證明宗教自由只應為正統宗教的信徒享有。

「第一修正案」禁止政府為任何宗教背書，這讓美國政府不能像英國那樣，把某種宗教或某個宗派定為國教。但對「禁止背書」條款的理解一向不僅止於此，還被認為包含了以下的限制：不得在公立學校設置禱告時間，聖誕節期間不得在公共廣場陳列基督降生群像，不得把十誡條文書於法院牆上，不得在州立學校講授以宗教教義為基礎的科學課程。這些禁制全是了防止政府在不同宗教或在信徒與無神論者之間選邊站（或是看似選邊站）。但如果政府不應在不同的有神論之間選邊站，那難道它就應該在何謂正確人生的不同觀點之間選邊站嗎？例如，難道它應該在何謂健康性生活的不同觀點之間選邊站嗎？

有些論者指出，政府在宗教之間選邊站（例如把喀爾文教派定為國教），等於是宣布那些以別的方式敬拜或完全不敬拜神的人是次等國民。所以，在公立學校設置禱告時間，或教導學生宇宙是一位有智慧設計者所創造，不啻是不尊重那些無神可以禱告或不認為宇宙是什麼神創造的人，不啻是用州或國家的錢（部分來自他們繳的稅）打造一種把他們排除在外的國家認同。同性婚姻的議題也可作如是觀。如果一個州政府以各種不同方式鼓勵和保護婚姻制度，又為男女婚姻提供註冊設施和人員，卻把同性戀者排除在婚姻之外，這不是把他們視為次等國民嗎？

失控的自由？

我們迄今找不到正當理由，可讓宗教自由權利為有神論宗教獨享。所以我們必須擴大該權利的涵蓋範圍，以便讓其有更佳的立足理據。怎麼個擴大法？答案看似明顯不過：我們必須宣稱，每個人原則上有權自由履行他們對人生及其諸種責任的深刻信念（不管這些信念是否是由對神的信仰導出），而政府必須對所有這一類信念在政策和支出上保持中立。這樣，迄今專保留給傳統宗教的特別權利與優惠便會擴大至涵蓋所有被熱情秉持的信念。問題是，沒有一個共同體可能會接受這麼一種擴大化的權利。

想想那許多「膜拜」金錢的人。他們相信（大概也是熱情洋溢地相信）美好人生意謂著賺大錢。他們把這個目標奉為神聖。他們會因為投資錯誤或錯失賺錢機會而懊悔無比。但我們卻不會因此認為他們有資格豁免所得稅。再想想種族主義者。這些人認為種族融合會汙染他們及他們子女的純潔生活。他們說他們對其他種族的厭憎不是主觀好惡，而是反省過的結果，是出於人有責任跟同族類生活在一起的責任感。但我們並不會因此認為政府的法律和政策應對這種觀點保持中立。如果我們認定所有宗教性態度都有資格獲得特別保護，我們就必須縮小我一路下來對宗教性態度的定義。

有兩類較狹窄的定義可供考慮：一類是功能性定義（functional definition），它著眼的是某種信念在個人整體人格所扮演的角色；另一類是實質性定義（substantive definition），它指明哪些信念才配受到憲法保護。美國最高法院提供過一個功能性定義的例子：當時它裁定被告西格（Daniel Andrew Seeger）雖然是無神論者，但他因為「從良心上」反對越戰，所以夠資格獲得兵役豁免。西格賴以勝訴的是以下的徵兵法令條文：

本法令不適用於任何出於宗教訓練和信仰而從良心上反對任何形式

之戰爭的人，即本法令不能用於要求這樣的人接受軍事訓練和在美國武裝部隊服役。在此處，宗教訓練和信仰是指一個人信仰一位最高存有（Supreme Being），並因此認定由此關係衍生的種種責任高於任何人類關係產生的責任。本質上為政治性、社會性或哲學性的觀點或僅僅是個人性的道德信條不在此列。④

儘管條文內提到「一位最高存有」一語，但最高法院支持西格的主張。它認定國會立法時並無意歧視或偏袒任何宗教性信念，所以提供了如下的解釋：

一個分判標準也許可以陳述如下：一種真誠和意義深長的信念，它在其秉持者生命中佔有的位置相當於上帝在信仰上帝者的位置（後者是根據法令內的定義而自然擁有豁免資格）。⑤

不過，你很難去對這要求進行語意分析。因為試問，認定戰爭不對的信念在何種意義下可說是「相當於」信仰上帝存在？不管我們怎樣回答這問題，能通過上述判準的金錢膜拜者恐怕仍大有人在。

因此，乍看之下，一個可規定「哪些被熱情秉持的信念可獲得宗教自由保障」的實質性定義會更妥適。這樣的話，一種宗教性信念是否有資格受到保護，將是端視信念的內容而無關乎秉持者具有多大熱情。一九九二年，我在論證「第一修正案」足以為墮胎權利提供保護時，曾設法為宗教自由提供一個實質性定義。我說：「宗教之所以為宗教，在於透過把個人人生連結於一組先驗的客觀價值而回答更深刻的存在問題（existential question）。」⑥我引用天主教一次大公會議（Ecumenical

Council）的聲明佐證：「人信仰各種宗教，是為了解答人類處境的各種謎題：何謂人？人生的意義和目的為何？」⑦我當時指出，基於上述理由，美國憲法是不是保護女性有早期墮胎的權利，也是「第一修正案」的宗教自由條款適用範圍有多大的問題。我說：「我無法想像任何對於何謂宗教信念的具說服力解釋可排除以下這種信念：對於人生為何及如何有著本具客觀重要性的信念。」⑧

在裁定女性受憲法保護而擁有早期墮胎權利時，三位大法官提出了一個類似的實質性說明：

凡是最私密和最個人選擇（即最攸關個人尊嚴和自治的選擇）的事情，都最攸關「第十四修正案」所保護的自由。此種自由之核心在於人有權利自行界定其存在概念（concept of existence）、意義概念、宇宙概念和人類生命之謎的概念。⑨

其他法官和法院強調進一步的限制：一種宗教性信念必須是出自當事人真誠秉持的一個更大信念系統，該系統一貫而和諧，全面說明了為何人應該活得恰當和何謂活得恰當。⑩這個縮窄的標準不要求當事人能夠清楚說出或自覺到他所秉持的更大信念系統。那毋寧是由法官負責詮釋，由他來斷定尋求保護者主張的信念是否歸屬於某個可辨識的更大系統，而其言行又是否與這個更大的人生觀貫徹一致。傳統教會的成員全都符合這標準（除非他們的行為表現出他們對本教的教旨陽奉陰違），但許多非有神論的信念（如反戰和墮胎權的信念）一樣充分符合。在托爾卡索（Torcaso）一案中，最高法院判定明確持無神論觀點的人文學學會也可以依此標準而被列為宗教。⑪

這些對於何種信念有資格受到宗教自由保護的實質性規限非常有吸引力。但它們的可信性需要依賴一個假定：政府有權斷定哪些信念是出自真誠所以是值得特別保護，而哪些又是不值得。但這假定在在看來都是抵觸於宗教自由的基本原則：基本價值是一種個人選擇，不是集體選擇。我們不能假設政府選擇不去保護的信念就是不真誠的或不正確的。金錢主義者和種族主義者的信念並不必然是不正確的。尼采的信徒也未嘗不可能找到一個精密的哲學論證，以支持他們發自本能的信念：權力是唯一的善。在在看來，只要一斷開宗教性信念與正統有神論的聯繫，我們就無法找到堅實方法可以把最荒謬不經的倫理信念排除在受保護信仰範疇之外。

宗教自由的內部衝突

還有第二個理由讓我們擔心，光是宗教與神的脫鉤不足以提供宗教自由一個讓人滿意的新說明。因為即便我們把宗教的範圍侷限在有神論（不這樣做的時候更不用說），宗教自由的權利（依傳統的理解方式而論）便已經常顯示出自相矛盾。因為，這權利一方面原則上要求政府讓人豁免於那些會阻礙他們自由履行宗教責任的普適規範，另一方面又責成政府不得歧視或偏袒任一宗教。問題是，讓某個秉持某種信仰的人豁免於普適規範，便等於是以宗教理由歧視持其他信仰的人。美國的憲法律師非常意識到這種衝突。「第一修正案」共有兩個涉及宗教的條款：

一是禁止政府干擾宗教的「自由履行」，另一是禁止政府為任一宗教「背書」（換言之是不得給予任一宗教特別的官方承認或保護）。美國的憲法律師們指出，第一個條款常常跟第一個牴觸。

一個例子見於有關「美國原住民教會」在宗教儀式上使用致幻藥物佩奧特鹼（peyote）的爭論。佩奧特鹼是一種會成癮的危險藥物，所以入於禁藥之列。如果政府特許印地安人在宗教儀式使用這種藥物，便等於是以宗教理由歧視（例如）赫胥黎（Aldous Huxley）❷的信徒（這些人相信致幻藥物可讓人領悟人生真諦）。但如果法律因為慮及此而承認他們的信念是一種無神論宗教，並特許凡相信致幻藥物可讓人領悟人生真諦的人得豁免於普適的藥物管制規範，那法律同樣是以宗教理由歧視那些純粹為爽一爽而嗑藥的人。⑫

另一個例子：天主教會不容許它轄下的許多收養機構把小孩提供給

同性夫妻認養，而美國政府因此拒絕資助這些機構。天主教會對此提出抗議，主張禁止同性婚姻是其教旨的一部分，所以美國政府之舉等於是以宗教理由歧視天主教。⑬美國政府的回答是，它若給予天主教會豁免，將對其他不是出於宗教理由而拒絕把小孩交由同性夫妻認養的收養機構構成歧視。

再看看一個更複雜和更具披露性的例子。「政府不得為任何宗教背書」這規定意味著任何宗教的教義都不得被當成真理在公立學校講授。但正如第一章指出過，每種宗教都有一個「科學部分」，所以，這個部分是否可講授或可講授至何種程度成了有爭論的問題。例如，賓夕法尼亞州一個學區的教育委員會曾規定老師在課堂上必須提及反對達爾文演

❷譯註：赫胥黎，英國作家，反烏托邦小說《美麗新世界》的作者。他除了服用致幻藥物，還為文謳歌致幻藥物的好處。

化論的其他人類起源說，並告訴學生有證據支持人類是由一超自然之智慧所創造。但一位聯邦法庭法官判決這規定違反「第一修正案」的「不可背書」條款，因而違憲。他指出，該教育委員會的決定是基於宗教信念，不是科學判斷。

知名哲學家內格爾（Thomas Nagel）分析過這問題。⑭他指出，任何人在決定「創世論」還是隨機突變說是對人類物種的最好解釋時，都必然會受其是否相信神的存在所影響。一個無神論者會從一開始便排除「創世論」的可能：哪怕人類是從隨機突變和物競天擇演變而成的機率微乎其微，他一樣不會認為「創世論」是可能的替代方案。但換成是一個本就相信神存在的人，卻會認為地球上多得眼花撩亂的動植物物種是出於神手的可能要遠大於出自偶然。從科學的觀點看，「神存在」和「神不存在」這兩個假設無分軒輊，所以要麼是兩者都可算是科學判斷，要麼是兩者都不算。如果基於其中之一去規定課程的內容是違憲，那基於另一判斷去規定課程的內容亦屬違憲。在這種情況下，政府想要為了維護學生或家長的特殊權利而不在宗教間選邊站是辦不到的，而不管教育委員會如何決定，它都無可避免是選擇其中一種宗教意見而否定另一種。所以內格爾認為，在這一類情況下，憲法要求政府不選邊站可謂自打嘴巴。

宗教自由的權利只有一種嗎？

所以，對於本章一開始楬櫫的那個問題，我們迄未找到一個好答案。我們該如何詮釋明訂在各種憲法和公約裡的宗教自由權利？傳統的詮釋預設了一個道德理論：預設了人擁有自由選擇宗教的鮮明道德權利，並因此認定詮釋法律文件時應以該種道德權利為依歸。但我們業已發現，要界定該種所謂道德權利的範圍非常困難。把保護對象光侷限在有神論宗教固然不合理，但把廣義宗教定義下所有信念毫不撿別一律納入保護同樣不合理。我們又發現了兩個觀念之間的衝突（兩者看來都屬於上述那種所謂道德權利的一部分）：一是政府不得干涉履行宗教之自由，二是政府不得歧視或偏袒任何宗教。所以，是時候該考慮一個更徹底的解決方法。不過，在提出我的方法前，有必要先提供一些背景說明。

公民權利分為明顯不同的大類，一是一種非常一般性的權利，而我們不妨稱之為「倫理獨立」（ethical independence）權利；另一是專為特定自由而設的特殊性權利（special right）⑮。「倫理獨立」權利意謂政府永不被容許光是因為它認定某種生活方式比另一種本質上更可取而限制國民的選擇自由（所謂的「本質上更可取」不是就後果而論，而是就一種生活方式可以讓人更有德而論）。在一個重視自由價值的國家，該怎樣過生活的問題應該留給個人自行決定，而不是由政府代為決定，再加諸所有人。所以，政府不可基於嗑藥可恥的理由而禁止國民嗑藥，不可因不知愛惜森林為可鄙而禁止伐木，或不可基於物質主義是邪惡而課徵很高的累進稅。但「倫理獨立」權利卻不禁止政府基於其他理由而干涉國民選擇生活方式的權利。例如，為了保護其他人不受傷害，為了保護大自然奇觀，或為了改善公共福祉，政府都有權干涉國民的生活方式。所以，它是有權為了降低社會成本而禁止嗑藥，有權為了築路和補助窮人而課徵很高的所得稅，也有權為保護自然景觀而禁止伐木。基於這個理由，即便沒有一個公民認為森林值得一遊，政府照樣有權保護森林。

換言之，「倫理獨立」權利只限制政府不得基於某些理由而限縮自由，但不禁止政府因為別的理由而這麼做。另一方面，「特殊性權利」卻對政府有著更大和更一般的拘束力。言論自由就是一種特殊性權利：除非是有著美國律師所謂的「迫切正當事由」（compelling justification），政府絕不容許侵犯言論自由。一種言論（例如鼓吹濫伐的言論）即便會對其他人帶來不好後果，政府照樣不得阻止。言論自由的權利只有在非常時期方可壓縮，為的是阻止（再一次借用美國律師們愛用的說法）「清晰分明和迫在眉睫的危險」。犯人有權受到適當程序對待和公正審判是另一種特殊性權利，它豎起的保護牆還要更高。政府無權起訴任何它認為無辜的人，也不被容許以不公正程序審判任何人——哪怕它相信此舉可大大提高社會安全

現在我要據此提出一個主張。我們在界定宗教自由時之所以會碰到種種困難，在於我們既設法讓宗教與神脫鉤，又設法讓宗教自由維持在「特殊性權利」的位階。所以，我們現在應該考慮拋棄「宗教自由是一種特殊性權利」的觀念，讓它不再有太高的保護牆，因此也不再需要有太嚴格的限制和太仔細的定義。代之以，我們應該考慮把「宗教自由」視為一種一般性權利，即「倫理獨立」權利。任何特殊性權利的著眼點總是內容：所以，如果宗教自由是一種特殊性權利，則政府在任何情況

下（非常時期除外）都不被容許對履行宗教之自由施以限制。一般性的「倫理獨立」權利則相反，其著眼點是政府與公民之間的關係，限制的是政府不可出於某一類理由而干涉公民自由。

現在我們應該要問：做為「一般性權利」的宗教自由是否已足以保護我們想保護的種種信念，以致我們再也用不著一種「特殊性權利」？如果我們認定可以，那我們就有強烈理由徹底重新詮釋各種憲法和人權公約裡的宗教自由規定。我們必須把它們楬櫫的宗教自由權利理解為一種「倫理獨立」權利。我們可以理解過去何以要把這種權利的範圍訂得侷限於宗教，但我們堅持只有把宗教寬容看成是一種更一般性的權利，才能最好體現出它的當代意義，才足以為其繼續存在提供最佳理據。

所以我要再問一次：一般性的「倫理獨立」權利足以保護我們（經過反省之後）相信需要保護的事情嗎？答案是可以。該一般性權利首先是可保護宗教自由的傳統核心。它譴責任何包含以下這些假設的歧視或背書：某一種宗教在真理性和道德性上要優於其他所有宗教；只要獲得政治大多數（political majority）同意，獨厚某種宗教便是合法；無神論是道德淪喪之源。⑯「倫理獨立」權利還在一個更細膩的方式下保護了宗教性信念：它可以禁止任何表面中立卻暗含直接或間接歧視性假定的立法。

要說明這一點，讓我們回到佩奧特鹼的例子。當最高法院認定「美國原住民教會」無法基於「第一修正案」而獲得豁免，國會為之大怒，通過了「宗教自由復興法令」（Religious Freedom Restoration Act）⑰，以此強調最高法院的判決有誤。國會是對的嗎？如果我們以「倫理獨立」權利衡量該判決，那最高法院並沒有錯。因為當一種禁藥的使用足以威脅整個共同體的安全時，「倫理獨立」權利便不能再保護其在宗教上的使用。當國會用立法方式推翻最高法院的判決時，它等於是宣布宗教需要比「倫理獨立」權利所能提供的更多保護。國會宣稱，除非有什麼「迫切正當事由」，否則任何規範都不得干涉宗教實踐。「宗教自由復興法令」受到廣泛歡迎⑱，但就政治道德（political morality）而論，對的是最高法院，錯的是國會。因為「美國原住民教會」若是有資格從藥物管制法令獲得豁免，則赫胥黎的信徒一樣有資格獲得豁免，而吊兒郎當的嬉皮❸也有理由譴責整個藥物管制系統只是在為宗教背書。

如果我們拒絕承認宗教自由是一種特殊性權利，而僅僅視之為一般性的「倫理獨立」權利，那麼，宗教實踐就必須服從於理性、無歧視性和對各種宗教並未顯出少些同等尊重的法令。這些要求的最後一項（即「同等尊重」）要求立法機構在打算禁止或限制某團體的某種活動時，須先弄清楚該團體是否把該活動視為神聖義務。如果該團體是這麼認為，那立法機構就必須考慮，對該團體的「同等尊重」是否要求某種豁免或其他優惠。若是一個破例對一項政策無明顯損害，那不批准該破例也許就是不合情理的。所以，政府未嘗不可以像資助其他收養機構一樣，資助那些對同性夫妻關上大門的天主教收養機構——但前提是前一類收養機構數量必須夠多，不致讓有待收養的嬰兒和想要收養嬰兒的同性夫妻權利受損。不過，在佩奧特鹼的個案，予以豁免卻會置當事人於嚴重危險，而那正是法律想要避免的，所以拒絕豁免並不意謂拒絕予以「同等尊重」。政府把無歧視性法律置於個別宗教實踐之上的做法在在看來皆為不得已和正確。

❸譯註：即上述提過那種嗑藥只是為了「爽一爽」而不是領悟任何人生真諦的人。

我在本書早前指出過，古老的宗教戰爭現已找到一個新戰場：政治。現在，我們不妨把我們的新假設（做為一般性權利的「倫理獨立」權利足以提供宗教所有適當的保護）付諸更具體的測試：用新宗教戰爭中一些白熱化爭論來加以測試。這些戰爭不是發生在不同的組織性宗教之間，而是開打於有神論者與無神論者之間。如今，在許多國家，一個特別尖銳的議題是：表現宗教忠誠的象徵物是否應被容許穿戴於學校、政府大樓和公共場所。人們對以下這些議題也經常發生辛辣爭論（有時甚至為此發生暴力衝突）：是否應該容許公立學校設置禱告時間，是否應該容許把「十誡」書於法院牆壁，是否應該容許市或鎮的公共廣場放置基督誕生群像，是否應該容許穆斯林穿戴頭巾和全罩式長袍，以及（這個爭論獨見於瑞士）是否應該容許在國境內修建宣禮塔。這清單的一部分引起美國律師所謂的「宗教履行自由」議題，另一些引起他們所謂的「宗教背書」議題。但我們不妨把它們放在一起，問這個問題：如果宗教自由權利只意謂一般性的「倫理獨立」權利，那這些爭論必然會以何種方式落幕？

「倫理獨立」權利確實禁止在法院牆壁或公共街道展示組織性宗教的象徵物事（那些已抽去所有宗教內容而只剩下文化內容的物事除外——例如「倫理獨立」並不禁止市政府派聖誕老公公造訪孤兒院）。因為若不如此，州政府便是用納稅人的錢或公共物業去抬舉某種有神論宗教，或是把有神論宗教抬舉至無神論宗教或無任何宗教信仰之上。但頭巾和全罩式長袍卻是另一回事：它們是私人性展示。試問一個州政府憑什麼理由可以禁止任何人穿戴這些服飾到處去？

有些人主張，國家法律應該打造某種全民的世俗公民意識，如此國家認同才不致為不同的宗教認同所動搖。但這是假定了（一種侵犯「倫理獨立」權利的假定）一種認同比另一種更可取，或是假定了宗教認同不足以撼動國家認同。一個州政府想要禁止什麼宗教實踐，總不難想出這一類貌似中立的托辭。例如，它可以聲稱，當一些學生穿戴某種宗教服飾到學校，其他學生出於他們的宗教責任感，一定會起而抗議，這麼一來，學校紀律和學習品質便會受到損害。但毫無證據可以支持這種說法，所以它怎麼看都是一種口實。土耳其禁止女性戴頭巾已經很多年，而這種政策一直受到激烈反對，不只未能防止更多的暴力反而激起更多的暴力。這種禁制為什麼有違「倫理獨立」權利，土耳其也是最清楚的例子：它是凱末爾（Kemal）❹把土耳其從宗教性文化扭轉為全面世俗性文化的努力的核心政策，預設了政府有權為人民決定何種生活方式要更可取。

公立學校是否該設置禱告時間是更複雜的議題。一個極端見於英國，它規定大多數學校都要有這種時間；另一個極端是法國，它禁止公立學校有任何宗教時刻。至於美國，大趨勢是容許學校設置一段所謂的「安靜時刻」，讓有需要的學生可以禱告（更常見的說法是讓學生可以「冥思」）。我相信，這種規定並不違背「倫理獨立」的要求（除非是立法過程的記錄顯示立法者表現出偏袒有神論宗教的意圖）。「安靜時刻」是一個中性用語，不致引起持有神論宗教或無神論宗教或不認為自

❹譯註：土耳其共和國的國父。

己有什麼好「冥思」的學生不舒服。

現在再看看把宗教自由視為一般性權利而非特殊性權利會對公立學校的教育有何影響。我稍早前提過一個特定議題：當一個教區的教育委員會規定生物科課堂上必須同時講授「創世論」時，它算不算是侵犯了宗教自由權利？我們記得，內格爾認為，假定「創世論」是蹩腳科學就是預設了無神論的立場，所以禁止教導「創世論」等於是在宗教的事情上選邊站。但這種觀點只有在我們把宗教自由看成是跟內容有關時（即看成是特殊性權利時）才能成立。因為若改為站在「倫理獨立」權利的立場看問題，情況將會迥然不同。

「倫理獨立」權利規定政府不得出於假定某種生活方式更可取而干涉國民的自由。一項政策是否暗含這個假設，往往有賴詮釋決定，有時還會很難有定論。但在美國當前的文化環境之中，我們有理由認為，當一個教育委員會規定課堂上除了講授演化論還必須講授「創世論」時，反映的除了是該委員會假定了一件有關宇宙史的「事實」為真（即有一位能行創造的神存在），還反映著它想把一整套宗教倫理價值觀灌輸給下一代。它不像某些教育委員會規定美國史課程必須提及奴隸悲慘史那樣，純粹出於「平衡呈現」動機。它是一個全國性政治運動的一部分：這運動是由所謂的「宗教右派」發起，志在增加有神論宗教在公共生活的分量。我這個判斷是透過詮釋得來，但我不認為它是個難以達成的詮釋。宣布在公立學校講授「創世論」違憲的那位法官也是透過相同詮釋得出結論。他指出，從委員會大部分成員的背景、行事為人和發言顯示，他們的動機主要不是學術考量，而是為前述的全國性運動張目。

你當然也可以反過來問：當一個學區教育委員會決定課堂上只講授支持和反對達爾文理論的論據而絕口不提「創世論」時，這決定是否暗含著把學生拉離開有神論宗教的意圖。但在美國當前的文化環境中，這是個極不可信的假設。因為在相信演化論一般論旨的科學和非科學社群中，一樣有大量人是信仰有神論宗教：他們不認為演化論和上帝的存在有任何扞格之處。另外，我們也沒有根據可以懷疑自然科老師暗中參與了任何鼓吹無神論的運動。當我們從「倫理獨立」原則看整件事情時，我們找到的不是內格爾的對稱，而是一種嚴重的不對稱。

最後，讓我們要回到那個無疑最尖銳的議題：性道德與繁殖道德。當最高法院裁定州政府無權把同性戀和早期墮胎入罪化時，它引用的是美國憲法中的「平等保護」條款和「正當法律程序」條款而非「第一修正案」對宗教自由的保護。它別無選擇。因為同性戀和墮胎的反對者固然常常（只是常常）把上帝引為依據，但卻（正如我說過的）少有男女在希望獲得同性戀和墮胎的選擇權時是訴諸宗教理由。但倘若我們把宗教自由視為「倫理獨立」權利的一部分，那自由派的立場便會變得非常有強制性。婚姻上的性別平等議題亦是如此。這一點我在其他作品已經申論過，茲不贅言。⑲

二〇〇九年，一場公投結果震撼了全世界：瑞士國民贊成修改憲法，禁止國境內任何地方興建宣禮塔。包括聯邦政府和天主教會在內，很多機構團體對此都持反對意見，但公投仍然以大比數贊成票獲得通過。主張禁建者所持的一個主要理由是《古蘭經》並未規定清真寺必須帶有宣禮塔，所以禁建宣禮塔不能被視為侵犯宗教自由之舉。如果我們把宗教自由視為一種只跟宗教內容有關的特殊性權利，那宣禮塔不是一種宗教責任或要求的「事實」（姑且假定其為事實）也許是相干的，但如果我們改為把宗教自由視為更一般性的「倫理獨立」權利的一個骨幹，那該「事實」便會變得全不相干。沒有任何熟悉此爭議的人會不認為發起公投者的目的不是蓄意低貶伊斯蘭的宗教與文化。它是在對「倫理獨立」的平等主義理想宣戰。

我是帶著一個願望（各位不介意的話，我甚至會說那是一個禱告）結束本章。本書主張人們分享著一種基本的宗教衝動，而這種宗教衝動把自己外顯為不同的信念和情感。在大部分歷史時期，這衝動產生過兩種信念：一是相信宇宙裡有一具智慧的超自然力量（即一位神），另一是深信宇宙間有一客觀自存的倫理道德準則。兩者雖然各自獨立，卻是他同一種更基本態度的結果。明乎此，無神論理應可以承認有神論者是他們最深宗教性雄心的全面夥伴，而無神論者也理應可以承認，他們和無神論者的道理與政治信念有著相同的基礎。雙方理應可以承認，他們之間那個被認為完全不可能築橋的鴻溝只是一種「科學」上的分歧，不帶有任何道德或政治意涵。我是不是太奢望呢？八成是。

① UN General Assembly, Resolution 217A (III), "Universal Declaration of Human Rights," December 10, 1948.

② Council of Europe, "Convention for the Protection of Human Rights and Funda mental Freedoms," November 4, 1950, Article 9(2).

③ John Locke, *A Letter Concerning Toleration* (1685).

④ Universal Military Training and Service Act of 1948, 50 U.S.C. Appx. § 456(j) (1948).

⑤ *United States v. Seeger*, 380 U.S. 163 (1965).

⑥ 見 Ronald Dworkin, *Freedom's Law: The Moral Reading of the American Constitution* (Cambridge, MA: Harvard University Press, 1996), p. 101.

⑦ Dworkin, *Freedom's Law*, p. 108.

⑧ "Draft Declaration on the Church's Relations with Non-Christians," in *Council Daybook* (Vatican II, 3rd Sess., 1965), p. 282, quoted and cited in *Seeger*, 380 U.S. at 181– 182 and n4.

⑨ *Planned Parenthood of Southeastern Pennsylvania v. Casey,* 505 U.S. 833 (1992). 三位大法官（歐康洛、肯尼迪和蘇特）認為一個婦女對於早期墮胎可被接受與否的看法，屬於「信念」的範疇。因為受更早的判例所拘束，他們未說墮胎自由是受「第一修正案」的宗教自由條款保障。然而，從他們上述的主張，可見即使有先前的判例，墮胎自由一樣可以被解釋為是受「第一修正案」保護。

⑩ 一個對歐洲人權法庭的意見的討論，見 George Letsas, "Is There a Right Not to Be Offended in One's Religious Beliefs?," in *Law, State and Religion in the New Europe: Debates and Dilemmas,* ed. Lorenzo Zucca and Camil Ungureanu (Cambridge: Cambridge University Press, 2012), pp. 239–260.

⑪ *Torcaso v. Watkins*, 367 U.S. 488 (1961).

⑫ 最高法院斷定，「第一修正案」並不給予致幻禁藥豁免。*Employment Division, Department of Human Resources of Oregon v. Smith*, 494 U.S. 872 (1990).

⑬ 見 Laurie Goodstein, "Bishops Say Rules on Gay Parents Limit Freedom of Religion," *New York Times*, December 28, 2011.

⑭ Thomas Nagel, "Public Education and Intelligent Design," *Philosophy & Public Affairs* 36, no. 2 (2008): 187–205.

⑮ 見 Ronald Dworkin, *Justice for Hedgehogs* (Cambridge, MA: Belknap Press of Harvard University Press, 2011), chap. 17, "Liberty."

⑯ 如果按照這個判準，則英國把英格蘭聖公會定為國教之舉並未侵犯「倫理獨立」的權利，因為那只是一種不會咬人的歷史遺物。這從王位繼承制度中的兒子優先繼承規定輕鬆便被廢除可見一斑。

⑰ Religious Freedom Restoration Act of 1993, 107 Stat. 1488 (1993). 18.

⑱ 史密斯案的判決（譯註：指最高法院判定印地安人不得在宗教儀式上使用佩奧特鹼一事）引起群情激憤。許多不同團體聯合起來反對這判決，包括了自由派團體（如「美國公民自由聯盟」）、保守派團體（如「傳統價值同盟」）、基督教法律協會、美國猶太人大會和全國福音教派聯合會等。在它們的推波助瀾下，國會通過了「宗教自由復興法令」（在眾議院全票通過，在參議院以九十七對三票通過），重申任何法律不得牴觸宗教履行之自

由。但最高法院後來判決此法令違憲，不得用於各州。見 *City of Boerne v. Flores*, 521 U.S. 507 (1997).

⑲ 見 Ronald Dworkin, *Life's Dominion: An Argument about Abortion, Euthanasia, and Individual Freedom* (New York: Alfred A. Knopf, 1993), and Ronald Dworkin, *Is Democracy Possible Here?* (Princeton, NJ: Princeton University Press, 2006). 墮胎議題要比我在本書所顯示的更複雜，因為我的意見是奠基於一個判斷：胎兒未發展出更複雜神經系統以前，並不擁有人權。

4

死亡與永生

« Death and Immortality »

我想我應該談談死亡，但不打算談太多。有這麼一則伍迪．艾倫（Woody Allen）的軼事：聽到一個影迷稱他將可永遠活在作品裡之後，他說他寧可永遠活在自己的公寓裡。大部分有神論宗教都提供一個看來更棒的許諾：人死後可以永遠活在一個美好得不可思議的環境裡。那確實是不可思議的。我們在名畫裡看過一些善人頂著光環飛升天國的情景，也在漫畫裡看過一些普通人坐在雲裡或向著一個手持鑰匙的白鬚男人苦苦哀求。它們也就只能這樣畫了，因為死後生命的光景是超乎想像的。不過，光是「死後生命」觀念的本身無疑便足以讓提供它的那些宗教魅力大增。「死後生命」並不必須是可想像的，因為其最濃烈的吸引力在於它的否定面。如果「死後生命」意味著什麼，它唯一能意味的只是我們不必害怕我們最害怕的事情：徹底的灰飛煙滅。

但難道只有神可以保障我們不致灰飛煙滅嗎？倘若死後生命是一種

奇蹟，那我們當然需要一位神，因為只有神能施展奇蹟。但為什麼死後生命不可能——就像「量子起伏」可以從無到有創造出宇宙那般——只是一件自然事件呢？量子理論中多的是一度會被我們視為奇蹟的東東：例如，它告訴我們，如果把一隻貓放入箱子裡，那在重新打開箱子以前，貓將是處於非生非死狀態。❶所以，我們未嘗不能想像，我們的心靈內容（各人不同）會不停從大腦釋出，以量子的形式飛入太空，逐漸形成一個自然靈魂（由無數量子構成），至我們死後猶繼續存在。然後呢？也許是再投胎（某些宗教就是這樣主張），跟另一個初生的腦袋結

❶譯註：作者舉的這個例子出自物理學家薛丁格（Schrodinger）的一個思想實驗（稱為「薛丁格的貓」）。他說，假設把一隻貓與一顆放射性原子放在一個箱子裡，再放入一台由原子衰變訊號啟動的毒氣機，那麼，因為原子一小時後發生衰變的機率為五〇％，貓在一小時後被毒死的機率亦為五〇％。照按常識，不管貓是否被毒死，都是我們一小時後重新打開箱子之前便已決定，但量子力學之說若是成立，則貓在箱子打開前乃同時處於「死」與「活」兩種狀態，其死活是在箱子打開和貓的狀態被我們觀察到之後方才「塵埃落定」。

合起來。又也許只是以獨立量子的形式繼續存在，最後才隨著宇宙的終結而終結。但也許它不會隨宇宙而消亡，而是能夠繼續遨遊在新冒出的宇宙裡。這些都是玄之又玄的想像，但物理學本身何嘗不是愈來愈玄？量子行為是一種不需要神的奇蹟，因為它並不違背自然法則。我承認，知道人死後有可能繼續以自然靈魂或亦即量子碎屑的形式存在，一點都不能給我們帶來安慰。但如果我們真正渴望的只是不致完全灰飛煙滅，那這種渴望至少是有可能實現的。

所以，「死後生命」並不必然要依賴奇蹟。有神論宗教的科學所能提供的一切，無神論宗教的科學皆未嘗不能提供（當然是換一種方式提供）。但有人也許會主張，基於另一個非常不同的理由，神對「死後生命」的觀念來說乃是不可少的。幾乎每種宣稱有「死後生命」的宗教都主張，「死後生命」的去向是以最後審判為依歸。只有活得恰當的人可以上天堂，否則便是下地獄，永遠受烈火和酷刑的煎熬。既然「量子起伏」不會施行審判，那主其事者看來只能是一個明辨是非的有智慧者。問題是，為什麼最後審判是有必要和值得歡迎的呢？為什麼永恆生命必須以善行為前提？信仰「西斯汀上帝」（見第一章）的人也許會如此回答：審判有其必要，是因為上帝希望人把有限的人生活得恰當，也因為這樣，祂祭出胡蘿蔔（天堂）和大棍（地獄）做為誘因。但這說法怪怪的：我們有理由假定，如果一位神真的希望人活得恰當，祂會樂於看到他們是出於尊重自己的人生而這樣做，又或是出於對神的愛或對其他人的愛而這樣做。若是假定「西斯汀上帝」會像異教神祇那樣樂於看到人出於害怕而順服，將會跟我們可合理歸給祂的任何目的意圖不一致。

要找到一個更可信的回答，我們必須把一個長久以來看似天經地義的推論順序倒轉過來。我們一直假定，最後審判之所以必要，是因為有一位罰惡的神存在。但我們毋寧應該認為，神之所以必要，是因為神的存在讓最後審判成為可能。我們以很多方式意識到自己的必朽（mortality），而對秉持第一章描述過那種宗教性態度的人來說，「必朽性」蘊含著是非對錯。我們認為，因為我們是會死的，所以怎樣過生活攸關重要。我們把我們的人生視為一整體，視之為是由我們的決定和我們的命運塑造，且希望最後塑造出來的是好的人生。當然並不是每個人都秉持宗教性態度，事實上，很多人都說他們不相信人生除了有長短可言或快不快樂可言，還有恰不恰當可言。但秉持宗教性態度的人卻需要一個標準去為他們的人生充當指引。「西斯汀上帝」為這些信徒提供了一個最直截了當的答案。這位神把活得恰當的準則明訂在聖經典裡，還會（至少對一些虔誠信徒是如此）以更直接的方式提供指引：讓信徒在禱告時透過宗教知覺或宗教憂懼得知正確答案。如果我們把活得恰當視為目的本身，那神的最初和主要功能便不是獎懲，而是提供教導、指引和評判。那些全心全意信仰「西斯汀上帝」的人（出於神的恩典）從內心深處知道何謂真正恰當的生活。

然而，就連這類信徒都得面對柏拉圖在《尤西弗羅篇》（*Euthyphro*）裡提出的兩難式。「西斯汀上帝」是光憑意志創造出人生的正確準則嗎？如此的話，我們便不能認為我們是活得恰當，因為我們只不過是追隨我們上帝的喜好。這也許攸關我們的安危（現世和死後的安危），但卻跟道德或倫理無關。還是說宇宙間存在著獨立和客觀的人生準則？如此的話，「西斯汀上帝」規定的準則便不過是祂對客觀準則的一種判斷。我們也許會認為神的看法比我們高明，但真正不可少的不是專家的意見，而是我們對有客觀倫理和道德真理存在的先行認定——唯有有客觀標準存在，專家才會派得上用場。這種先行認定不需要依賴任何有神論假設。它同時是有神論者和無神論者（當然是指宗教性無神論者）所能分享。

這是關鍵。最根本驅策著我們去活得恰當的動力，是我們相信人該如何生活有著獨立而客觀的標準。這種信念居於第一章描述過的那種宗教性態度的核心。這不是一種自然主義者會有的心態：對他們而言，價值只是衍生自物質和心靈的幻象或虛構。在這個最基本的方面，宗教有神論者和宗教無神論者站在同一陣線。神的存在或不存在並不影響兩者對價值的直覺。他們的分歧處只在於哪種解釋才是對心理和物質的最好解釋看法不同，但這一點都不意味他們不同意價值是客觀實在。

我們應該怎樣理解「永生」？它的字面意義是永遠活著——不管是住在奧林帕斯山還是一棟公寓。但沒有東西可以給予我們這種「永生」，就連最慈悲的「西斯汀上帝」亦有所不能。這位上帝的使徒確實談過住在雲端的生活，但這卻是我們不可能理解的。「死後生命」只是一種否定（否定我們會變為空無），所以嚴格來說不是一種「永生」的理論，而只是為某種「永生」的理論留出一個餘地。我們真能想像的死後存在光景只有一種可能：一度是我們一部分的心靈內容以量子的形式在宇宙裡自由飄浮。但我們應該把這樣的情況或類似情況定義為「永生」嗎？當然不應該。因為只有為我們所嚮往的死後存在形式才該算作「永生」？離形去體的心靈量子並不符合這資格。

然則，還有哪裡是也許可以找到「永生」的？伍迪．艾倫影迷的那番話有兩種不同的可能解釋。他也許是意指，伍迪．艾倫可望像荷馬或莎士比亞那樣留名後世。但這個預言未必會應驗，因為伍迪．艾倫儘管傑出，仍然有可能像許多生前備受讚譽的喜劇天才那樣，死後即被遺忘。而且不管怎麼樣，即便最偉大的偉人一樣會隨物種的演化或地球的壽終而聲沉名寂。不過那位影迷又也許是意在評價而不是預言。他也許是指伍迪．艾倫的電影業已構成一種永恆成就，不是演化、歷史或命運可以改變得了：就像其他藝術傑作一樣，這些電影在被創作出來的一刹那便已是超越時間的成就——不管它們是否會流傳後世或繼續受到讚嘆皆是如此。

這也是一種我們可以用來看待人生的方式。浪漫派詩人說過，人應設法把自己的人生雕琢為藝術品。他們大概只是就藝術家或從事其他創作工作的人而言。但這番話未嘗不適用於任何人：任何自覺地按照某種可信的價值觀努力把人生活得恰當的人。一個人即便沒有盛名或任何藝術成就，但只要他有好好活過和愛過，他便是已把自己的人生雕琢為藝術品。

你覺得我說的這一切全是蠢話，只是感情用事嗎？每當你把一件小事做得很好（不管是彈琴或打牌，投球或讚美，製作一把椅子或寫一首十四行詩，或是造愛），你的滿足感便會是自我圓足。這些都是人生內可達至的成就。所以，當一個人生表現出自身追求的藝術價值，它為什麼不可以也是一種自我圓足的成就？①

如果我們渴求的真是這一類成就（我相信我們應該如此渴求），那我們就可以視之為一種永生。面對死亡之時，我們相信自己已經成就了一些美善，回應了有限之軀的最大挑戰。你也許會覺得自己的成就不夠大，而它們也一點都不能紓解你對死亡的恐懼。但那卻是我們唯一能想像的「永生」，至少是唯一我們有資格嚮往的。如果有什麼完全夠資格稱為宗教性信念，這就是其中之一。不管你是選擇加入哪個宗教陣營

（有神或無神的陣營），它都是你可以企及的。

---

① 這是引自拙著 *Justice for Hedgehogs* (Cambridge, MA: Belknap Press of Harvard University Press, 2011), pp. 198–199.

內容簡介

什麼是宗教，什麼是神之所在？

什麼是死亡，而什麼又是不朽？

究竟是上帝創造了宇宙？抑或，上帝就是宇宙？

面對這樣的大哉問，或許僅能以「只有上帝曉得」（God knows）一語回答，但是當人們這麼回答問題時，是指他們認為該問題無人能回答。意即：假設如果上帝存在（If a god existed），祂就會知道任何人都不知道的事情。這樣的用法並不是針對一個非人格神而發。正相反，這樣的修辭力量皆是仰仗一個虛擬的人格神。

德沃金認為，對上帝的信仰是一種層次更深的世界觀之展現，但不是唯一的一個，我們熟悉的二分法——把人分為有宗教信仰和沒宗教信仰兩大類——太粗糙了。本書欲闡明的即是：宗教的層次比上帝更深。宗教是一種深入內部、輪廓分明和涵蓋全面的世界觀：它主張有本具（inherent）而客觀的價值滲透萬物，相信宇宙及其造物引人敬畏，認定人生具有目的而宇宙秩序井然。

本書靈感源自愛因斯坦對宗教所主張的「不可知論」（Agnostic theism）：

「知道某種我們所不能參透的東西確實存在，知道這種東西把自己展現為最高智慧和最璀燦的美（我們遲鈍的官能只能了解其皮相）——這種知識，這種感覺，位居於一切真正宗教情懷（religiousness）的核心。在這個意義下（也唯有在這個意義下），我屬於有虔誠宗教信仰者之列。」

作者從哲學、物理學及神學等角度剖析上帝的本質，並透過愛因斯坦、田立克、史賓諾莎等人的宗教和科學觀點來闡釋並佐證，「沒有上帝的宗教」所為何來。期盼這本小書有助於有神論與無神論兩者進行理性對話，同時化解對宗教的恐懼與仇恨。

作者簡介

羅納德・德沃金 Ronald Dworkin（1931- 2013）

美國著名法理學家、公共知識份子代表，曾任教於耶魯大學、牛津大學、紐約大學和倫敦大學，為當代新自然法學派代表人物。二〇一三年二月十四日因病逝世，英國《衛報》在訃聞中將其與十九世紀世界上最重要的思想家之一約翰・斯圖爾特・密爾（John Stuart Mill）相提並論。

著作包括《認真對待權利》（*Taking Rights Seriously*）、《原則問題》（*Matter of Principle*）、《法律帝國》（*Law's Empire*）、《生命的自主權》（*Life's Dominion*）、《自由的法》（*Freedom's Law*）、《至上的美德》（*Sovereign Virtue*）、《身披法袍的正義》（*Justice in Robes*）、《民主是可能的嗎？》（*Is Democracy Possible Here?*）、《刺蝟的正義》（Justice for Hedgehogs）等。

譯者簡介

梁永安

台灣大學文化人類學學士、哲學碩士，東海大學哲學博士班肄業。目前為專業翻譯者，共完成約近百本譯著，包括《文化與抵抗》（*Culture and Resistance* / Edward W. Said）、《啟蒙運動》（*The Enlightenment* / Peter Gay）、《現代主義》（*Modernism：The Lure of Heresy* / Peter Gay）等。

文字校訂

馬興國

中興大學社會系畢業，資深編輯。

責任編輯

王怡之

東吳大學中文系畢業，資深編輯。

大緒文化閱讀卡

姓　名：

地　址：□□□

電　話：(　　)　　　　傳　眞：(　　)

E-mail：

您購買的書名：＿＿＿＿＿＿＿＿＿＿＿＿＿＿＿＿

購書書店：＿＿＿＿＿市（縣）＿＿＿＿＿＿＿＿書店

■您習慣以何種方式購書？

□逛書店 □劃撥郵購 □電話訂購 □傳眞訂購 □銷售人員推薦

□團體訂購 □網路訂購 □讀書會 □演講活動 □其他＿＿＿＿

■您從何處得知本書消息？

□書店 □報章雜誌 □廣播節目 □電視節目 □銷售人員推薦

□師友介紹 □廣告信函 □書訊 □網路 □其他＿＿＿＿

■您的基本資料：

性別：□男 □女　婚姻：□已婚 □未婚　年齡：民國＿＿＿年次

職業：□製造業 □銷售業 □金融業 □資訊業 □學生

□大眾傳播 □自由業 □服務業 □軍警 □公 □教 □家管

□其他＿＿＿＿＿＿＿＿

教育程度：□高中以下 □專科 □大學 □研究所及以上

建議事項：

愛戀智慧 閱讀大師

廣告回信
北區郵政管理局登記證 北臺字8448號
免貼郵票

立緒文化事業有限公司 收

新北市 2 3 1

新店區中央六街62號一樓

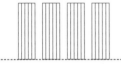

請沿虛線摺下裝訂，謝謝！

立緒文化 閱讀卡

感謝您購買立緒文化的書籍

為提供讀者更好的服務，現在填妥各項資訊，寄回閱讀卡（免貼郵票），或者歡迎上網至http://www.ncp.com.tw，加入立緒文化會員，可享購書優惠折扣和每月新書訊息。

宗教學

20世紀美國實用宗教學鉅著

威廉．詹姆斯 William James

百年百萬長銷書，宗教學必讀

宗教經驗之種種

這是宗教心理學領域中最著名的一本書，
也是20世紀宗教理論著作中最有影響力的一本書。
——*Psychology Today*

如果我們不能在你我的房間內，
在路旁或海邊，
在剛冒出的新芽或盛開的花朵中，
在白天的任務或夜晚的沈思裡，
在眾人的笑容或私下的哀傷中，
在不斷地來臨、莊嚴地過去而
消逝的生命過程中看見神，
我不相信我們可以在伊甸的草地上，
更清楚地認出祂。

2001年博客來網路書店十大選書
中時開卷版本周書評
誠品好讀重量書評
ISBN:957-0411-36-8
定價：420元

20世紀美國宗教學大師

休斯頓．史密士 Huston Smith

ISBN:978-986-6513-79-4
定價：400元

人的宗教：人類偉大的智慧傳統

為精神的視野增加向度，
打開另一個可生活的世界。
中時開卷版一周好書榜

半世紀數百萬長銷書
全美各大學宗教通識必讀
橫跨東西方傳統
了解宗教以本書為範本

燈光，是不會在無風的地方閃動。
最深刻的真理，
只對那些專注於內在的人開放。
——*Huston Smith*

永恆的哲學

找回失去的世界
ISBN:957-8453-87-6
定價：300元

權威神學史學者

凱倫．阿姆斯壯 Karen Armstrong

神的歷史：猶太教、基督教、伊斯蘭教的歷史

紐約時報暢銷書
探索三大一神教權威鉅著
讀書人版每周新書金榜

ISBN:978-986-6513-57-2
定價：460元

帶領我們到某族群的心，
最佳方法是透過他們的信仰。

國家圖書館出版品預行編目 (CIP) 資料

沒有神的宗教 / 羅納德 . 德沃金（Ronald Dworkin）著 ; 梁永安譯 . -- 初版 . --
新北市：立緒文化, 民 104.05
面；　公分 . --（新世紀叢書）
譯自：Religion without God
ISBN 978-986-360-035-0（平裝）

1. 宗教哲學　2. 無神論　3. 宗教自由

210.11　　104006193

沒有神的宗教 Religion without God

出版——立緒文化事業有限公司（於中華民國 84 年元月由郝碧蓮、鍾惠民創辦）
作者——羅納德・德沃金（Ronald Dworkin）
譯者——梁永安

發行人——郝碧蓮
顧問——鍾惠民

地址——新北市新店區中央六街 62 號 1 樓
電話—— (02) 2219-2173
傳真—— (02) 2219-4998
E-mail Address —— service@ncp.com.tw
網址—— http://www.ncp.com.tw
Facebook 粉絲專頁—— https://www.facebook.com/ncp231
劃撥帳號—— 1839142-0 號 立緒文化事業有限公司帳戶
行政院新聞局局版臺業字第 6426 號

總經銷——大和書報圖書股份有限公司
電話—— (02) 8990-2588
傳真—— (02) 2290-1658
地址——新北市新莊區五工五路 2 號
排版——菩薩蠻數位文化有限公司
印刷——祥新印刷股份有限公司

法律顧問——敦旭法律事務所吳展旭律師
版權所有 ・ 翻印必究
分類號碼—— 210.11
ISBN —— 978-986-360-035-0
出版日期——中華民國 104 年 5 月初版 一刷（1~2,000）
　　　　　　中華民國 105 年 8 月初版 二刷（2,001~2,700）

RELIGION WITHOUT GOD by Ronald Dworkin
Copyright © 2013 by Ronald Dworkin
Published by arrangement with Harvard University Press through Bardon-Chinese Meadia Agency
Complex Chinese translation Copyright © 2015 by New Century Publishing Co., Ltd.
ALL RIGHTS RESERVED

定價◎ 260 元